超評傳

家學與師承、轉型與抉擇、成就與局限
——剖析國學巨擘的一生及學術論著

Biography of LIANG Qichao

吳廷嘉，沈大德 ——著

他生活在封建社會走向近代的過渡時期；他的學術具有承先啟後、繼往開來的性質。

長期以來，梁啟超作為一個政治人物，在歷史學家筆下褒貶不一，眾說紛紜……

本書作者以歷史學家的冷靜和嚴峻態度剖析梁啟超的學術活動，並指出其成就和局限，為讀者帶來「最真實的」新國學奠基人

目錄

目錄

目錄

序

當吳廷嘉把她的新作《梁啟超評傳》放在我的書桌上時，我驚訝得說不出話來。我不知道她什麼時候以及怎樣完成了這部新作，因為近幾年來，她家庭不幸，與她相愛至深的沈大德過早地離開了人世。她自己又病魔纏身，經常住在醫院裡，去年即住院三次，時間達八個月，醫院甚至發出了病危的通知，身體上和精神上承受了巨大的打擊和磨難，已心力交瘁。在這種情況下能夠從病床上爬起來，恢復健康，就很不容易了。誰會料想到：短短時間內，她又完成了這部學術專著，真可謂「生命之奇蹟」。在她身上似乎有一股永不枯竭的活力，有一顆永不會被征服的心靈。

吳廷嘉就是這樣一個人。開朗、達觀、活躍，堅強執著的個性，天真無邪的童心，充沛旺盛的精力，誠懇熾烈的熱情，對人坦率真摯，可與深談，可共患難；對事業和學問，孜孜追求，堅持不懈。她富有思考和論辯的才華，很早以前，我曾聽過她在數萬人大會上的一次公開辯論，舌戰群英，滔滔雄辯，真有千軍辟易之慨。她不知疲倦地工作，想要做和正在做的事情多得不可勝計，除了搞研究、寫文章之外，又要扶植某個

序

社會團體、支持某種高雅藝術、組織某個討論會、研究會，或者苦心籌劃，為偏遠地區鄉鎮企業的發展獻計獻策，或者千里奔波，為某個地區的旅遊文化進行調查和規劃。小而至於幫助朋友，撫養和教育孩子；調解家庭糾紛；帶著溫馨的心，風塵僕僕去看望和慰問在外地遭遇不幸的朋友。我每次見到她，總要勸她保重身體、縮短戰線、嚴格控制活動的範圍，有時提高聲音，表現了我的憂慮和責備。她總是笑笑，好像理解了我的規勸但又無可奈何地委婉拒絕。追求事業，幫助別人是她人生中的最大樂趣，她永遠在無休止地奔波、忙碌，卻無暇休息幾天，將養自己的身體、照料自己的家庭。她富有強烈的社會責任感，又極其珍視友誼，為別人考慮、做事，把生命奉獻給別人而對自己卻少有顧惜。

只要稍稍翻閱此書，就會知道吳廷嘉寫作此書花費了多少時間，投入了多大的才思和精力。尤其是她病軀怯弱、事務冗忙之餘，真是用自己的心血滴寫了這部學術新著。梁啟超是近代中國的傑出人物，政治上推進變法維新，開闢一代新風，學術上涉足多種學科，構建近代學術理論的體系，成為當時知識界的啟蒙大師和精神領袖。梁啟超一生的著述豐富，《飲冰室合集》，皇皇巨著，篇幅浩瀚，而要深入研究他的學術活動和學術成就，更需要廣博的知識和各方面的深湛修養。過去，學術界研究梁啟超都注重他的政治活動和宣傳工作，對學術方面並無系統的專著。而且，梁啟超在政治上也曾遭到不公正的貶抑，這也不能不影響對他學術成就的評價。吳廷嘉有鑒於此，發大宏願，奮大毅力，決定撰寫此書。她很早以前，曾經精心鑽研過《飲冰室合集》，也深入探討過康有為、譚嗣同、章太炎、王國維等人的思想。累積甚豐，醞釀已久，故發之也疾。加上她才思敏捷，勤奮努力，在病體稍痊之後能夠迅速而高品質地完成這部新作，為學術界填補了重要的空白。這也許就是我剛剛看到書稿，感到驚訝而不解的原因。

吳廷嘉的《梁啟超評傳》，以時序為經，以學科為緯，系統地研究了傳主的全部學術活動。梁啟超生活在封建社會走向近代的過渡時期。他的學術具有承先啟後、繼往開來的作用和性質。梁的古學極有根柢，故而是傳統學術當之無愧的繼承者、負荷者，又如飢似渴地學習和吸取西學，勇於進取，開拓新知，故能成為中國近代學術的奠基人。他的研究範圍極為廣泛，最有成就的當推歷史學、思想史、歷史研究法，旁及政治學、經濟學、財政學、法學、新聞學、教育學、佛學、諸子學、目錄學、文藝、詩歌小說等等。他的學術精髓在於繼舊開新，溝通中西，為近代學術奠築基石，其篳路藍縷之功，不可泯沒，而草創伊始，大輅椎輪，涉獵廣泛，難期折中至當，故不免有淺嘗輒止之嫌。

吳廷嘉一方面以歷史學家的冷靜和嚴峻態度，剖析梁啟超的學術活動，區分其精華和糟粕，指出其成就和局限，另一方面又全身心投入研究，不僅用理智去思索，而且用

序

感情去體驗，故而行文跌宕生姿，筆鋒常挾風雷。她高度評價和謳歌梁啟超的學術貢獻，對這位政治上和學術上的巨人一讚三嘆，充滿崇敬之情。她把梁啟超放在大的時代背景中，作為中國近代知識分子的典型代表，既懷抱愛國救民、淑世濟人的情懷，矢志不渝，百折不回，又受時代的局限，徘徊躑躅、惆悵迷惘、上下求索、隨時流變。吳廷嘉既用科學的態度去觀察他、分析他，又用心靈和感情去接近他、理解他。應該說，這樣做是非常必要的。

當前，文化研究仍是社會的焦點。梁啟超在研究傳統文化，尤其是擷取古代文化精華，創造性地構築近代學術殿堂方面作出了不可磨滅的成績。他的著作、學說理應受到學術界的重視。牛頓說過：由於他站在巨人的肩膀上，故能取得物理學上的光輝成就。中國也有自己的文化巨人，梁啟超就是其中的一位。我們應當繼承他的思想遺產，去創造新時代的學術文化。從這個意義上說，吳廷嘉的研究工作十分重要。她大病初癒，不辭勞瘁，全力以赴，鍥而不捨，為學術界帶來可貴的成果。我懷著感謝和敬佩之心，讀完了她用心血滴寫成的這部著作，寫下了這篇序言。

戴逸

第一章　飽學少年

一、動盪中的搖籃

一八七三年，近代中國歷史上的一代偉人梁啟超，誕生於廣東省新會縣熊子鄉茶坑村。他是近代社會民主改革的勇敢先行者、啟蒙運動的旗手與鼓手，也是近代學術史與文化史上的巨擘，當之無愧的舊國學的傳人、新國學的宗師。過去，人們對他作為政治家、思想家的一面，關注較多。儘管同時受時代局限，有一些曲解與不公，但對其這方面的主要活動與成就，畢竟有相當了解。而對他在學術文化方面的辛勤耕耘和貢獻，所知則相對較少。本著唯陳言之務去的原則，本書主要就梁啟超在學術文化方面的活動與成果，作些探討性研究。

梁啟超的故鄉新會縣，位於廣州城西南面。東去近百里，是孫中山先生故居中山縣翠亨村，梁啟超誕生是年，孫中山七歲。從新會北向百里，乃康有為桑梓地南海縣銀礦鄉蘇村。那時的康有為，已是一個滿腹詩書的小「聖人」。熊子鄉居於新會縣南端，是西江入海口七島中最大的一個。距其十里遠的崖山，為南宋抗元英雄陸秀夫、張士傑奮戰到底、蹈海自盡的地方。他們可歌可泣的動人事跡，代代相傳；他們不屈不撓的抗爭精神和愛國熱情，為當地父老有口皆碑。

一、動盪中的搖籃

新會瀕海，「地單土薄」，「少寒多暑」，兼及「村落依山，炎氣鬱蒸尤甚」，「境之西南多農鮮賈，依山瀕海者，以薪炭耕漁為業」，自然條件頗艱苦，「民無積聚而多貧」。其氣候變幻無常，「一日之間，雨暘寒暑，頃刻輒易。夏秋之間，時有颶風，或一歲數發，或數歲一發。又有石龍風，其作則黑雲翔湧，猝起俄頃」。不過，這種一年四季草木不凋、鬱鬱蔥蔥的秀美山野和雲海蒼茫、狂風漫卷、波濤連天的壯麗景觀，又不能不說是上蒼賜予人類的陶冶和磨練。

新會的人文環境也很有特色。其風俗淳樸敦厚，講求風骨。「士人尊師務學問，不逐虛名。仕者以恬退為樂，競進為恥。尚門第，矜氣節，慷慨好義，無所諂屈。……其俗樸而野，其流弊也獷而不馴」。梁啟超耳濡目染，身受其教。其弟梁啟勛曾在《曼殊室戊辰筆記》中，生動地記敘過梁氏家族每年去崖山祭掃祖墳時，啟超祖父於舟行往返途中，為兒孫們講述南宋遺事時的慷慨悲壯情景。梁啟超自己在《三十自述》中，於故鄉雖著墨不多，但寥寥數語，自豪與眷戀之情，也已溢表於字裡行間。

梁氏家族「宋末由福州遷南雄，明末由南雄遷新會，定居焉。數百年棲於山谷……且耕且讀，不問世事」。至其祖父時，「始肆志於學」，做了個縣教諭（相當於當今教育局長），係八品芝麻官。其父「少亦治舉子業，連不得志於有司，遂一謝去，教授於

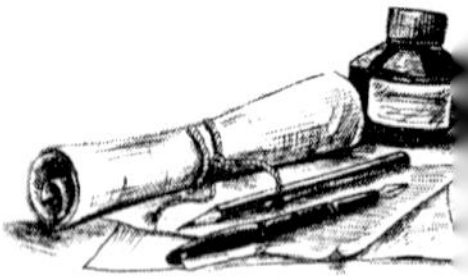

鄉」，當了個私塾先生。家有「數畝薄田，舉家躬耘，獲以為恆」。境況相當於略有積餘的上中農。正是在這種背景下，梁啟超自幼就讀於祖父和父母身旁，家人把進取的希望都寄託在他的身上。

梁啟超的祖父崇尚宋明理學，重名教，講氣節，全禮數。梁啟超尊其為人說：「若夫勤儉樸實，其行己也密，忠厚仁慈，其待人也周，其治家也嚴，而訓子也謹，其課諸孫也詳而明。」而且，他為人雖謹肅，卻也很有剛烈之氣和任俠之風。分遺產時，不以嫡出自居，與繼母庶母所出子均分田產，僅得幾分而已。常與諸孫講述古人嘉言懿行，每過古戰場，壯懷激烈，吟哦作誦，正氣凜然。

梁啟超的父親相對複雜。啟超中舉前，他是個躬耕隴畝的鄉村小知識分子，家境並不寬裕。啟超亡命日本時，家中田畝也未見增加。但梁父後來親赴東瀛，向梁索款置產，竟以尋死來要挾，梁的學生集資一千二百元交付他，回鄉購買了數十畝田地、一座房屋，成了中等地主。其為人則又頗有淡泊之風，「生平不苟言笑，跬步必衷於禮，恆情嗜好無大小，一切屏絕」，是個苦行僧。其處事準則是：「常以為所貴乎學者，淑身與濟物而已。淑身之道，在嚴其格以自繩；濟物之道，在隨所遇以為施。」在鄉里算個「名流」，辦過地方團體，絕賭清盜，化解宗族械鬥，有一定聲譽。最為難得的是，他

一、動盪中的搖籃

有比較強烈的社會責任感。梁啟超發覺袁世凱圖謀復辟帝制時，最初想「棄官避世，奉親以終」，而其父卻「正色切責曰：汝與項城既已共事，項城苟欲干國紀，汝宜思所以匡救之，阻止之，不得則思所以裁制之，懲治之，而唯思潔其身，非能率吾教也，遂督促剋日北上」。梁成行後，與其父竟成永訣。而其父臨終時，還責令家人不得電召啟超返，以其國事在身之故。

梁啟超母親並非名門閨秀，但知書達理，聰明賢惠，家教甚嚴。她終日辛勞，兼任梁啟超的啟蒙教師，課字授詩，體腦皆不得閒。她特別重視對梁的品德教育，曾因梁六歲時說謊一事，笞其十數鞭，諄諄誡其不可再犯：「凡人何故說謊，或者有不應為之事而我為，畏人之責其不應為而為也……或者有必應為之事，而我不為，畏人之責應其應為而不為也……夫不應為而為，應為而不為，已成罪過矣。若己不知其為罪過，猶可言也。他日或自能知之，或他人告之，則改焉而不復如此矣。今說謊者，則明知其為罪過而故犯之也。不唯故犯，且自欺欺人，而自以為得計也。人若明知罪過而故犯，且欺人而以為得計，則與盜竊之性質何異。天下萬惡，皆起於是矣。」透過這一段話，不難看出梁母見識超群，確實是一個有良知、有自尊、有脊梁骨的不同凡響的女人。

天賦過人、穎慧異常的梁啟超，深得全家的鍾愛。祖父日與其講解經史掌故，夜則同榻共眠。祖孫朝夕相處，情深意篤。其父於彼期望值尤大。為了促其成才成器，「督課之外，使之勞作，言語舉動稍不謹，輒喝斥不少假借，常訓之曰：『汝自視乃如常兒乎？』」梁至成人後，「誦此語不敢忘」。梁啟勛認為，梁父之所以絕意進取，甘當私塾先生，除屢試秀才不中外，還為了能找幾個幼童陪伴梁啟超讀書之故。也就是說，他把自己一生的心血和追求，都傾注到了梁啟超的身上。

梁啟超也真是不負眾望。四五歲開蒙就讀，「八歲學為文，九歲能綴千言，十二歲應試學院」，中了秀才。其實，早在六七歲時，梁啟超就已牛刀小試，展露了他的出眾才華。一次，塾師以「東籬客賞陶潛菊」命對，梁即應「南國人思召伯棠」，足見其小小年紀，經史詩文都有了相當基礎。還有一次他給來家的客人上茶，客人出一句「飲茶龍上水」，他應聲而答：「寫字狗扒田。」後者雖係新會故老傳聞，但從中也可窺見梁的才思敏捷從小就出了名。梁十歲時，初應童試，梁的同行皆其父執。「一日舟中共飯，時一人指盤中鹹魚為題」，令其吟詩。梁不假思索，隨口而出：「太公垂釣後，膠鬲舉鹽初。」以至「滿座動容」，共許為「神童」。梁啟超不僅深得家人與鄉人期許，還深得一些名儒宿彥的讚賞。梁十二歲時，廣東學政葉大焯愛其才，應其請，為其祖父寫壽言，頌其家族將會凌雲絕頂，「應運而生」，「怡怡濟濟」，「雖漢之石氏，唐之

一、動盪中的搖籃

柳氏，宋之呂氏，家法殆莫以過」。結尾語重心長：「區區一芹之獻，不過善端偶然發露，其興止未有艾也，啟超勉乎哉！」此事無異於一條特大新聞，轟動了整個新會城，令梁家四壁生輝，宗室光寵，人們對梁啟超這個乳臭未乾的後生小子，更是不能不另眼相看。

十六歲時，梁啟超再次大出風頭。他中了舉人，並深得兩位主考大人李端棻、王仁堪的青睞。李欲許妹，王想嫁女，欲爭相與梁結秦晉之好。最後王仁堪成人之美，李堂妹蕙仙許配啟超。三年後，李氏歸梁，梁得了個終身患難與共的賢內助，又成為一段佳話。

作為一介文弱儒生，梁啟超並未承繼新會鄉民們剽悍粗豪的性格。但在他的體內，也不乏他的鄉親們所常有的那種奔突噴湧的一腔熱血。在其中，也有他的父老們常有的耿直狷介、一觸即發的個性。他博學多才，敏感自負，鋒芒畢露而咄咄逼人，大有捨我其誰的大丈夫氣概。他小小年紀，就已博覽群書，遊歷八方，衝出了懸壺孤島的彈丸之地，到縣城、省會去觀光求學，開拓視野，增長見識。這種簡單而又豐富的閱歷，在當時窮鄉僻野的濱海小邑，可謂鳳毛麟角，罕有其匹。這種經歷和其積極的人生態度，以及父輩的道德規範與諄諄厚望，錘鍊了他的早期性格，使之有較高的情操和遠大的抱負。

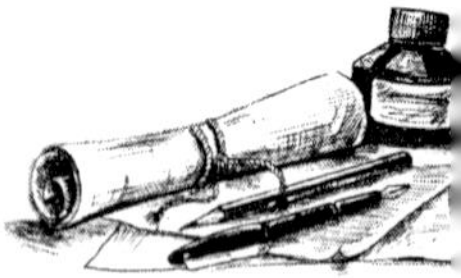

不同於一輩子都面朝黃土背朝天的祖祖輩輩，不同於不知稼穡之難、腦滿腸肥的紈絝子弟，不同於只知讀死書、死讀書的冬烘先生，梁啟超的卓絕才智與過人稟賦得到了及時的開發和激發，從而打下了比較堅實的學問根柢，具有超出同齡人以至同代人的深湛文化素養，形成他獨特的學者型的個人氣質。在他身上，潛藏著一股巨大的學習熱情和社會活動能力。他求知慾、創新欲極強，學一門愛一門，學一門鑽一門，一頭栽進去，孜孜不倦，務求有心得、有造詣。他做事精力充沛而又能堅持不懈，總能學有所成。

另一方面，由於根基畢竟還不夠深厚，眼界閱歷也尚有限，少年梁啟超還不能完全擺脫窮谷之民常有的井底之蛙的烙印。他往往學一門就丟掉另一門。十二歲「日治帖括，雖不慊之，然不知天地間於帖括外更有所謂學也」；十五歲「決舍帖括」治「訓詁辭章」，又「不知天地間於訓詁辭章之外，更有所謂學也」。這其中固然有山野之民的閉塞和少年人的幼稚，但那種喜窮根究底的個性也已初見端倪。這種經歷和性格特色，對他後來形成「流質易變」的氣質和人生態度，也不無影響。

梁啟超繼承了祖父的浩然之氣，以及其父的勃勃野心。但他沒有父親深藏不露、老謀深算的心計。相反，他從小得寵，生活在家人和師長的保護之下。他學業優異，仕途

一、動盪中的搖籃

春風得意，人們普遍認定他前程不可限量。人際關係的詭譎險惡，宦海波濤的沉浮無常，他都還未經歷。由於他家境況也正處於上升階段，就連世態炎涼他也還未體會到。這使他不諳世事，還不知道「政客」兩個字是怎麼寫的。但另一面，又使他能夠保持天真無邪的童心，坦誠待人的原則，對溫馨人情味的嚮往和不甘屈從的直率性格。這一切相結合，加上儒家道德中對理想人格的追求，使他有傳統士大夫特有的傲骨，在關鍵時刻，敢於睥睨一切，蔑視一切，敢於有與舉國為敵的決心、勇氣和魄力。他後來在流亡時期，能夠寫出「獻身甘為萬矢的，著論求為百世師」的驚世之作，絕不是一時心血來潮偶然為之的結果。這一切，對於成為一個開拓型的學術帶頭人來說，是必備的素養和品格。

梁啟超還繼承了父輩們對社會活動、公益事業熱情關注的傳統。光宗耀祖的願望，於梁啟超非常強烈。為父親爭氣，是他一生所以不懈努力的動力之一。儘管少年梁啟超尚無機遇在這方面嶄露頭角，但透過他在十二歲時，為祖父向葉大焯請贈寫壽言一事，已可看出他在社會交往能力上，也是出類拔萃的一流人才。同時也反映了他囿於流俗、趣味平庸的一面，但也映襯出他在尊貴的大吏名士面前，毫不畏怯退縮的可貴性格。他準確地判斷了葉大焯及其撰寫壽言的價值所在，並巧妙地利用了這種價值，還不失自尊自重。這種出色的交際能力、活動能力與機智，在他後來的政治生涯中發揮了很大作用，但與他的學者本性卻發生了激烈而深刻的衝突，給他的內心世界帶來了莫大的痛苦，這種衝突和痛苦是十分真實的。而且，這種衝突和痛苦，在他生前和身後，能夠理解的人都很少，這在某種程度上，使梁啟超有著一顆孤獨的靈魂。

傳統文化中的「華夷之辨」，和祖父深沉的民族興亡感，以及故鄉古戰場的無言訴說，伴著海風的咆哮，海濤的嗚咽，深深刻進了這位敏感少年的心靈中，愛國主義的情感油然而生。他和梁啟勛永遠也忘不了在其兒時，祖父給他們吟哦陳獨麓〈山木蕭蕭〉一詩的那份嚴肅、那份沉重、那份悲憤：「海水有門分上下，關山無界限華夷。」當他的眼界和胸懷，從狹隘的種族之爭上升到民族振興、國家富強的高度後，那種激情就像火山一樣迸發出來，變成無比巨大的動力和能量。它貫穿了梁啟超一生，並成為梁啟超的獻身精神最重要的源泉。

少年梁啟超，在一個平靜的搖籃中長大。這個搖籃並非貴重的楠木、檀木做成，也沒有華麗的裝飾。但它結實、牢固，能夠遮風擋雨，同時又讓梁啟超呼吸到清新的空氣，比較自由地長大。慈愛的母親為他唱著搖籃曲、淵博的祖父給他灌輸知識和開發智慧、嚴厲的父親激勵他積極上進。貧寒的生活磨礪了這位農家少年的意志，破舊的書卷組成了田園牧歌的音符，脈脈的親情溫暖著他年少的心靈。

一、動盪中的搖籃

然而，搖籃外面的世界並不平靜。整個中國處於劇變的前夕。整個世界也在風暴之中。梁啟超對其生辰的旁注是：「太平天國亡於金陵後十年，清大學士曾國藩卒後一年，普法戰爭後三年，而義大利建國羅馬之歲也。」其時，第二次鴉片戰爭已經敗北，太平天國農民政權也已覆滅，同治中興的代表人物曾國藩也已謝世，中國的社會危機、民族危機正在悄然向縱深發展。表面上，以英國為代表的列強侵略勢力與那拉氏政權取得了協調，清廷中央與地方實力派的矛盾也有所緩解，農民階級的反抗也被鎮壓，統治秩序相對穩定，經濟生活也稍有復甦。而實質上，隨著中國半殖民地化的逐步加深，列強與中國包括各階層有識之士在內的廣大民眾之間，衝突日益激化。這從教堂的增多及其規模的擴大，可以明顯地看出。而李秀成提出「防鬼反為先」，胡林翼見洋人小火輪溯江而上就吐血而亡，李鴻章建北洋水師，沈葆楨辦馬尾船政學堂，也都從不同角度說明了這一問題。但中國民眾閉塞保守的心態，抗爭方式的落後，統治者的奸詐、愚昧和昏庸，又使這個問題潛伏著一股危險的暗流。太平天國革命挑開了清政權身上的暗瘡，人們明明白白地看到了正在迅速腐爛的潰瘍。而由洋務派執牛耳的中興運動，也因曾國藩亡故，使得在金陵廢墟上建立起來的虛假繁榮，蒙上了一層厚厚的陰影。那拉氏坐穩寶座之後，其作為一個勇於支持洋務派順應潮流的精明政治家的形象，正在褪色，那原本是為了奪取權力、尋求同盟軍的權宜之計，而其作為陰謀家、權術家的本性則相應強化，甚至膨脹。新的權力之爭正在緊張進行，只是還在「中興」的紫紅色天鵝絨帷幕的掩蓋之下。

世界性的民族解放抗爭也在興起。義大利獨立，是一個莊嚴的訊號。接下來，將是亞非拉弱小民族的英勇抗爭。不僅中國社會自身的發展，提出了中國向何處去這一問題；整個世界形勢的發展，也把這個問題空前地擺到了它的面前，而且無可迴避。

睿智的先驅者林則徐、魏源，他們是第一批睜開眼看世界的中國人，並把他們的感受歸納為一句名言：「師夷之長技以制夷。」在他們的倡導下，經世實學和今文經學得到了發揚光大，歷史地理學也蔚然勃興。括帖辭章訓詁，已經失去了往日的分量和地位，儘管它仍然蘊含著固有的學術價值。

洋務派實踐並發展了林則徐等人的主張，他們開辦工廠、同文館、新式學堂，練兵，建立海軍，派遣使臣和留學生出國，邁開了中國走向世界的第一步，奏響了近代化主題旋律的前奏。他們的智囊人物、洋務派知識分子王韜、郭嵩燾、鄭觀應、薛福成、馬建忠、陳熾等人，開始有意識地引進西方的文化學術。西方傳教士在這方面，也做了大量的傳播和介紹工作。

一、動盪中的搖籃

滿腹經綸的梁啟超，顯然落後於時代和社會的發展。搖籃內的平靜，很快就被外部的震盪打破。十七歲時，梁啟超入京師參加會試，並與李蕙仙訂婚。下第後，歸途經上海，讀了《瀛環志略》，「始知有五大洲各國」，對「上海製造局譯出西書若干種」，雖無力購買，「心好之」。梁啟超還未真正受到歐風美雨的沐浴，但他卻感受到了最初的吸引力。它預示著一個新的天地。十八歲時，梁啟超經學友陳通甫介紹得見康有為，「先生乃以大海潮音，作獅子吼，取其所挾持之數百年舊學更端駁詰，悉舉而摧陷廓清之。自辰入見，及戌始退」。少年科第而「沾沾自喜」的梁啟超猶如「冷水澆頭，當頭一棒，一旦盡失其故壘，惘惘然不知所從事。且驚且喜，且怨且艾，且疑且懼，與通甫聯床竟夕不能寐，明日再謁，請為學方針」。他正視並接受了這場嚴峻的挑戰和考驗，邁步走出了那個已經過於陳舊的小小搖籃，投身於社會變革的洪流中，並由此改變了他的人生道路與學術方向。這條道路，使他終於摸到了時代的脈搏，淋漓盡致地發揮了自己的特殊才能，沒有變成一個只會賣弄雕蟲小技的規規小儒，更未淪落為一個泥古不化、開歷史倒車的老朽腐儒，而成為了維新派的旗手、近代知識分子的代表、新國學的奠基人。

二、家學與師承

梁啟超「自幼熟讀儒家經史典籍，國學根柢甚深」。四五歲就在祖父及母膝下受《四書》、《詩經》，「六歲就父讀，受中國略史《五經》卒業」。其「學問根柢，立身藩籬，一銖一黍」，皆得之於家傳。梁祖父推崇宋明理學，梁父「以幼子最見鍾愛，傳家學獨劭」。梁家除給啟超授讀經書，對史學也很重視，每日課以《史記》、《綱鑒易知錄》。及至梁成人後，「《史記》之文，能成誦八九」。梁父的一位朋友，因讚賞梁的聰慧，又送了《漢書》、《古文辭類纂》兩書給他，他也盡心盡力讀完了。此外，他還讀過張之洞的《軒語》、《書目答問》。平心而論，這些書籍的內容和範圍，還是很有限的。但對於一個十二歲的少年來說，就不能不稱之為飽學之士了。這一段家學淵源，對梁啟超其後的學術生涯，有相當重要的影響。它不僅給梁啟超打下了比較扎實的國學基礎，也是他後來能夠對傳統國學進行深入的研究和大膽變革的先決條件。

中了秀才後，梁啟超在家中自然身價倍增。何況葉大焯對梁啟超也有極高的評價和期望：「奉庭訓」，「承祖武」，「勤夫其未學者，務臻於遠大」。梁家不惜血本，送梁啟超到廣州深造。十三歲時，梁啟超拜呂拔湖為師；十四歲時，拜陳梅坪為師；十五

二、家學與師承

歲時，受學於石星巢。這三人的舊學都頗有根基，尤其是石星巢，直到一九一二年時，梁啟超還準備請他任梁思成等孩子的家庭教師，並對其女追憶說，自己十五六歲時的知識，大都得自於石所教授。

就在同期，梁於十五歲進學海堂就讀，十六歲成為該書院的正式學生。學海堂為兩廣總督阮元所立，乃廣東省最高學府。這一年，梁啟超還為菊坡精舍、粵秀、粵華書院的院外生。這三院與學海堂齊名。廣州五大書院，梁啟超同時就讀四院，其精力之富，才力之高，可見一斑。而另一書院廣雅他之所以未去，實因「其制度於地方長官來院，全體學生須在門前站班迎接，故不入」。

這段期間，梁啟超如飢似渴，奮發苦讀，嗜書如命，涉獵甚廣。他在學海堂成績優異，「季課大考，四季皆第一。自有學海堂以來，自文廷式外，卓如一人而已」。他的院外教師石星巢在他中舉後，曾寫信給汪康年，讚他乃「卓犖之士，經學詞章各有所長」。而且，由於書院月考可依成績等第獎賞膏火費，解決了梁啟超買書的困難，得以購置大批書籍，僅梁啟勛當時所見，就有《皇清經解》、《四庫提要》、《四史》、《二十二子》、《百子全書》、《皇雅堂叢書》、《知不足齋叢書》等等，每到年假書多得捆載而歸。

在廣州，梁啟超不但泛讀了大批儒家典籍，而且系統性接受了漢學的基本功訓練。學海堂創始人阮元乃晚清樸學大師——乾嘉學派代表人物之一。學海堂集結了一批學者，對古代典籍進行輯刊出版，對古文化的資料整理和研究作出了貢獻。阮元本人就主編了《經籍纂詁》，校刻《十三經註疏》，匯刻《皇清經解》等書，並著有《疇人傳》、《積古齋鐘鼎彝器款識》，把對古代社會與歷史的研究，擴大到金石文字、天文、地理、歷算等多個方面，學識淵博，獨具慧眼。梁啟超到學海堂時，阮元去世已近四十年，但學海堂的宗旨和學風並未改變。它仍以小學和典章制度的研究為主，教學生學會辭章訓詁，對典籍進行考據、辨偽、補正、校勘、輯佚、編目、詮釋等工作。這些學術訓練和文化累積，對梁啟超後來的研究工作，起了十分積極的作用。

十八歲時，梁啟超退出學海堂，拜康有為為師。翌年，康創設萬木草堂，梁為其高足，並分任助手工作。康著《新學偽經考》，梁事校勘。康著《孔子改制考》，梁為分纂。二十一歲時，與陳通甫同任學長，深為康信任和倚重。在萬木草堂四年的學習，是梁啟超一生事業和學術的轉折點。在康有為的引導下，梁決然捨棄漢學，接受維新變革思想與政治主張，為其後成為一個傑出的政治理論家、宣傳家和社會活動家創造了先決條件，這已為史學界所公認，筆者不予贅述。在這期間，梁啟超還接受了全面系統化的學術訓練，明確了學術方向，初步形成了他所特有的研究方法，為其後成長為一個創新型的學者和偉大的思想家，鋪平了道路。而梁在這方面的軌跡，則相對為史家所忽視。

二、家學與師承

在學海堂，梁啟超打下了堅實的漢學基礎，但他的知識面仍然很有限，用他自己的話說，除了以前學過的帖括、辭章訓詁，他不知道天底下還有什麼所謂學。他讀的經書、史書雖多，但不夠系統，更不成體系。而康有為就不同了，他出身於書香世家，到他時，「凡為士人十三世矣」。五歲學詩，六歲讀經，八歲學文，十一歲時由其祖父「日夜摩導以先儒高義、文學條理，始覽綱鑒而知古今，次觀大清會典東華錄而知掌故，遂讀明史三國志」，十二歲「竟日雜覽群書」，十四歲以後，已「縱觀說部集部雜史」，十七歲時已「始見瀛環志略，地球圖，知萬國之故」。十九歲時，師從著名學者朱九江，得到了系統全面的嚴格指導和訓練，「讀宋儒書及經說、掌故詞章」「錢辛楣全集、趙甌北廿一史札記、日知錄、困學紀聞」、三禮、周秦諸子、韓柳古文等等。其知識面的廣博，基本功的全面，眼界的開闊，當時的梁啟超難以望其項背。

康有為非常重視史學、實學、今文經學和西學。《二十四史》自不必說，他對《宋元明儒學案》也情有獨鍾，並「大肆力讀」國朝掌故、各國史志、游記、傳記和《西國近事彙編》等書，說明他對學術史、世界史、當代史十分關心。他關心世事，很小就在祖父處「頻閱邸報……知曾文正、駱文忠、左文襄之業」。成人後，苦攻《太平經國書》、《經世文編》、《海國圖志》等，「以經營天下為志」。康有為還曾遊歷過香港、上海，「知西人治國有法度，不得以古舊之夷狄視之」。二十五歲後，即「大購西書」「大講西學，盡釋故見」。此外，對公羊學也很下了一番功夫，成為晚清今文經學的代表人物。對佛學的熱衷，也是康有為的一大樂趣，他對佛典研讀頗多。對天文、算學、聲光、化、電、重學等科技常識，也很有興趣。至於金石、樂律、文字、音韻、考據等，也都曾潛心鑽研。他的閱歷十分豐富，確實可謂讀萬卷書，行萬里路，飽覽各地山川名勝，又得其祖父和朱九江等名師指點，深諳民情風俗、歷史掌故，這與梁啟超幼時的戶外教育，也不可同日而語。他交遊甚廣，如張延秋、黃紹箕、沈曾植、屠仁守等，均是當時的名士俊彥，經常相互傳遞訊息，議論朝政，切磋學問。而這也是梁啟超所缺乏的。

康有為乃極其優秀的教育家。他誨人不倦，傳授學問決無保留，盡力給他們創造良好的學習條件。他家中藏書本來就多，辦學以後，又耗巨資「大購群書」，連其家中屢代藏書置建《書藏》，「要書咸備」，供學生廣為涉獵。梁啟超多次提及此事，可見於他影響之深，以及他本人從中得益之巨。康有為不僅從物質上為學生們擴大知識面提供條件，而且身體力行，透過自己的教學實踐去引導學生為此努力奮鬥。他的教學大綱集中於《長興學記》一書。從該書反映的學科設置看，康有為為學生們制定了一個相當完備並具有近代意識的知識體系，對梁啟超等人後來所取得的學術成就，真可謂功莫大焉。梁啟超自評「一生學問，皆得力於此年（即一八九一年入萬木草堂就讀之年——筆者注）」，應是肺腑之言。

不過，比傳授知識更為重要的，是康有為教給了梁啟超進步的學術思想和比較科學的治學方法。生有涯，學無涯，知識的獲取和累積都永無止境，怎樣去獲取、累積才是治學的關鍵所在。康有為平時「不輕以所學授人」，但對其學生則「視之猶子」。他每日講授「古今學術淵流」，「歷史政治沿革得失，取萬國以比例推斷之」，教育學生知其然還要知其所以然。

康有為注重培養學生的獨立思考能力和批判精神。他善於啟發學生提問題，循循善誘以「決疑滯」，「始則答問，繼則廣談，因甲起乙，往往遂及道術至廣大至精微處」。他經常創造機會和條件，讓學生親自參加實踐，具體地參與到學術活動中去。梁啟超為其高足，直接參與了《新學偽經考》、《孔子改制考》的編著工作。著書立說之志，也從那時起油然而生。

康有為治學「合經子之奧言，探儒佛之微旨，參中西之新理，窮天人之賾變」，氣勢博大，貴在獨創。而「每論一言，論一事，必上下古今，以究其沿革得失，又引歐美以比較證明之，出其理想之所窮及，懸一至善之格，以進退古今中外，益使學者理想之自由，日益發達，而別擇其知識，亦從生焉」。引導學生治學從博中求精，自由思想，知識為研究服務，也即學者做知識的主人，而不做知識的奴隸。

康有為講學「以孔學、佛學、宋明學為體，以史學、西學為用」。他非常重視對學生的史學教育，親自給學生點讀《二十四史》、《資治通鑑》、《宋元明儒學案》、《文獻通考》等，這對培養學生成為博學型學者很有裨益，在康的學生中，有見識的史家不乏其人，而梁啟超則是其中最傑出的一個。康有為富於哲學頭腦，這得力於他對佛學和西學的鑽研。這一特點同樣對他的學生們有良好的影響，使他們治學比較注意對理論的研究。梁啟超在這方面更是得天獨厚。

本來，梁啟超的學業限於經學，尤其是漢學考據，是康有為給他打開了一個求學新天地。漢學，尤其乾嘉考據學派有很高的學術造詣，其治學方法具有明顯的科學性，考據是中國學者所必備的基本功，至今仍有十分積極的作用和意義。但是，到晚清時，由於各種原因，漢學已失去了它最初的鋒芒和朝氣，在「文字獄」的壓力下，埋進故紙堆不能自拔，多數學者走入支離破碎、餖飣繁瑣末流一途，遠離社會，了無生氣。它理所當然地受到了來自實學、宋學和今文經學三方面的挑戰，而後者的實質和宗旨則在要求學者正視現實，面對社會危機，匡時濟民，經世致用。事實上，梁啟超至少在潛意識中，已經感到了自己在這方面的缺陷。在學海堂，他寫過長達萬餘言的《漢學商兌跋》，而《漢學商兌》正是宋學健將方東澍的代表作。儘管梁當時以漢學為其壁壘，而文今不存，其觀點不可知，但他認真閱讀宋學家尖銳抨擊漢學弊端的專著，說明他對這些問題並非毫無思考。這也就是他最後能接受康的學術觀點的內因之一。幸運的是，康恰恰在實學、宋學、今文經學三個領域內都學有所長，這就彌補了梁之不足，為他打下了堅實根柢，使之後來能博采眾家之長，而又能自成一家之言。

康有為注重社會理想的教育。他「與諸子日事講業，大發求仁之義，而講中外之故，救中國之法」。而且「每語及國事杌隉，民生憔悴，外侮憑陵，輒慷慨唏噓，或至流涕」。他的這種理想教育和人格教育，使其學生「振盪怵惕，懍然於匹夫之責而不敢自放棄，自暇逸」，有堅強的信念和頑強的追求，這是一個優秀學者所需要的可貴素養。與此同時，康有為灌輸大同理想給學生們，梁啟超在他一九〇一年所著《南海康先生傳》中，記其概要，除經濟部分外，大致與康其後方寫成的《大同書》內容吻合，說明梁及其學友們在萬木草堂時確實親聆其教，「受其口說」。而大同理想「獨闢新境，其規模如此其宏遠，其理論如此其精密」，不能不使梁啟超佩服得五體投地，在「叉手讚歎曰：偉人哉！偉人哉！」的同時，對學習西方文化，創新中國傳統學術，充滿了嚮往。

萬木草堂的學術氛圍也相當寬鬆。學生「每日各記其內學外學，及讀書所心得，時事所見，及以自課，每朔則繳呈之，先生為之批評」，師生之間自由交流，同學之間則「相處若昆弟」，以誠相待，共同討論和研求學問，集思廣益。梁啟超曾滿懷深情地追憶了在萬木草堂的生活：「春秋佳日，三五之夕，學海堂、菊坡精舍、紅棉草堂、鎮海樓一帶，其無萬木草堂師弟蹤跡者蓋寡。每游率以論文始，既乃雜遝泛濫於宇宙萬有，芒乎惚乎，不知所終極。先生在則拱默以聽，不在則主客論難蜂起，聲往往振林木，或聯臂高歌，驚樹上棲鴉拍拍起，噫嘻！學於萬木，蓋無日不樂，而此樂最殊勝矣。」當然，康有為並不是一個盡善盡美的大聖人。他政治上野心勃勃，性格剛愎自用，學術則主觀臆斷。年輕時，尚有「去漢宋之門戶」的雅量；戊戌後，卻斤斤計較於今古文之爭，從而大大局限了他的學術成就。隨著政治上的不斷受挫，銳意革新的勇氣也越來越弱，心胸也越來越狹隘，從一個頗有民主學風的師長，變成一個霸氣十足的專制「老康」。不論是其政治主張或是學術觀點，都與梁啟超發生了許多衝突，有時矛盾十分尖銳。但梁啟超終其一生，都不能忘懷於這位恩師。他很坦率地承認：「瀏覽泰西學說以後，所受者頗繁雜，自有所別擇，於先生前者考案各義，蓋不能無異同。要之先生目光之炯遠，思想之銳入，氣魄之閎雄，能於數千年後以一人而發先聖久墜之精神，為中國國教放一大光明，斯不獨吾之心悅誠服，實此後中國教學界所永不能諼者也。」早在一八九二年，也即梁啟超拜康有為為師後的第三年，梁寫了一篇心得《讀書分月課程》，已可謂深得其師治學之精髓。他強調「古人通經，皆以致用，故日不為章句舉大義而已，又日存其大體玩經文，然則經學以明義為重明矣」。學習「不必以貪多為貴」「必唯義理是務」，且「總以自己心得能切實受用為主」，否則「雖讀盡古今書，只益其為小人之具而已」。對西學則應「知其沿革」「審其形勢」，究其「富強之原」，了解其「近日之局」，並旁及科技。知古今，知萬國四方。他嚴厲批評了「風氣不開，學人故見自封」的愚蠢做法，認為這是「中國積弱，見侮小夷」的主要原因之一。在學習方法上，他深許康有為的名言：「無專精則不能成，無涉獵則不能通」，「凡讀書，必每句求其故，以自由議論為主，久之觸發自多，見地自進，始能貫穿群書，自成條理」。這一切自當建立在「真實心地，刻苦功夫」基礎上。這些體會，很有見地，從而證明了他在治學時，已能比較自覺地注意到學術研究過程中的創造性、思想性、條理性、實用性。而且，儘管他當時受到今文經學的較大束縛，不少觀點頗為偏頗，學術上還很難自成體系，對康有為也還有亦步亦趨之嫌，但那種獨立思考、勇於創新，並善於舉一反三、融會貫通的治學特點，已初見端倪。從他所舉的「最初應讀之書」的書目來看，範圍囊括經學、史學、子學、理學與西學，不可謂不廣，數量多達六七十集，不可謂不多，而其所計需要時間，僅半年而已。他認為大約三年的時間，即可「卓然成為通儒學者」，實際上是他對自己在康門三年學習的自我小結。難怪在康有為七十壽辰時，梁啟超送一對聯表達他對恩師的衷心感戴：「述先聖之玄意，整百家之不齊，入此歲來年七十矣；奉觴豆於國叟，致歡欣於春酒，親授業者蓋三千焉。」荀子說得好，「青出於藍而勝於藍，冰水為之而寒於水」。後來居上，梁啟超的學術成就超過了康有為。但是，我們仍應公允地說：沒有康有為，就沒有梁啟超；不了解康有為，也不能真正深刻地了解梁啟超。

同樣，康有為對這位得意門生，也寄託了莫大的期望，他曾於一八九一年贈詩給梁：「道入天人際，江門風月存。小心結豪俊，內熱救黎元。憂國吾其已，乘雲世易尊。賈生正年少，泱蕩上天門。」把梁啟超比做賈誼，不只是對梁的才華的高度讚賞，還表明康認為梁有條件、有機遇實現他們多年來夢寐以求的政治抱負。當時，梁雖然未能如其所願，在政治上嶄露頭角，但卻也已用行動證明自己學有所成，有足夠的能力去光大師門。他一八九三年在東莞講學，命其弟子「治公羊學，每發大同義理，使不少青少年思想為之一變」。顯然，不管康梁之間後來有過多少歧異乃至齟齬，梁啟超始終還是康有為的自豪和光榮。

第二章　光輝的起點

一、時代驕子

一八九四年，梁啟超入京師。同年，甲午戰爭爆發，他透過張謇、沈曾植、曾廣鈞等人希圖能對李鴻章、翁同龢等重臣有所影響，於國事出力獻策，這在他當時給夏曾佑的信中，有過一星半點的披露。然而，他的苦心和奔走，全都落了空。所謂「惋憤時局，時有所吐露，人微言輕，莫之聞也」。他曾寫詩記敘自己的悲憤心情：「一腔孤憤肝腸熱，萬事蹉跎髀肉生。」有感於「道喪廉恥淪，學敝聰明塞。豎子安足道，賢士困縛軛」的黑暗現狀，他大發宏願：「新義鑿沌竅，大聲振聾俗。數賢一振臂，萬夫論相屬。人才有風氣，盛衰關全局。」入冬，梁啟超回廣東。是年雖然沒有什麼成績，卻是梁參與政治活動的開始，也是他決心把自己的學術研究同救亡啟蒙結合起來的起點。

一八九五年春，梁啟超入京會試。《馬關條約》簽訂消息傳來，在京舉人在康有為領導下，發動了著名的「公車上書」。十八省舉人聚於松筠庵集會，「與名者千二百餘人」，康「以一晝二夜草萬言書，請拒和、遷都、變法三者」，成為「清朝二百餘年未有之大舉」。梁啟超奉師命，「日夜奔走呼號」，鼓動各省舉人，並先發動了廣東舉人率先上書。甲午戰爭的敗北，震醒了中國先進的近代知識分子，他們彙集起來，登上了

一、時代驕子

歷史舞台，開始啟動和領導中國的近代化運動。作為這支隊伍早期的代表人物之一，梁啟超邁入了自己一生中最輝煌的時期。

值得玩味的是，梁啟超剛上臺時，其實是以一個本色演員的面目出現。他作為康有為的得力助手，積極參與了創辦強學會和《中外紀聞》工作。他們認為：「國事之危殆，非興學不足以救亡，乃共謀設立學校，以輸入歐、美之學術於國中。唯當時社會妒新學如仇，一言辦學，即視同叛逆，迫害無所不至……不能公然設立正式之學校，而組織一強學會，備置圖書儀器，邀人來觀，冀輸入世界之智識於我國民。」梁啟超任該會書記員，主管辦報事宜。他每日作一篇論文，並盡覽會中所購的大批西書，「而後益斐然有述作之志」。

翌年，梁啟超去上海，任《時務報》主筆，撰述甚豐，影響日劇，聲名鵲起。隨著戊戌維新思潮的蔚然興起，他迅速成長為一個出色的政論家、宣傳家、社會活動家。一八九七年，又去長沙執教時務學堂，為中國的近代教育事業做出了突出貢獻。從甲午至戊戌，梁啟超的學術思想和有關著述，緊緊圍繞著變法進行，並同他的政治實踐密不可分。這種情況帶來了幾個特點：其一是這一時期他的學術成就遠不如他的政治貢獻大，缺少系統的、有分量的學術專著；其二是他的學術見解尚未能突破其師之窠臼，對

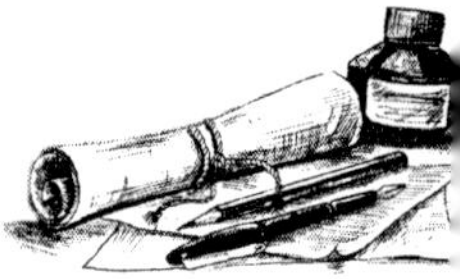

國學的研究囿於今文經學範圍，對西學的研究囿於政治學，對二者結合點的研究也還局限於孔子改制的三世說上面。

這一時期，梁啟超學術上的代表作是《變法通議》和《時務學堂學約》、《時務學堂日記》批語，以及《讀〈春秋〉界說》、《讀〈孟子〉界說》。《變法通議》貫今通古，援中說外，中心就是宣傳變法二字。「法者，天下之公器也。變者，天下之公理也。大地既通，萬國蒸蒸，日趨於上，大勢相迫，非可閼制。變亦變，不變亦變」。而且，「凡在天地之間者，莫不變」，「上下千歲，無時不變，無事不變」。可見變法所依據的哲學思想就是歷史進化觀。梁啟超以大量的史實、生動的筆觸，論證了這種進化觀的進步意義，及其對變法的指導作用。在《變法通議》中，梁啟超還特別強調了「變法之本，在育人才，人才之學，在開學校，學校之立，在變科舉，而一切要其大成，在變官制」。圍繞人才與官制，梁啟超初步研討了中國古代學校、科舉和官制的演變歷史，為其後中國近代教育學和政治學的創立和建設，伏下了契機。

《時務學堂學約》，集中闡明了梁啟超個人的治學宗旨、學術立場和學習方法。從整體上看，梁尚未能越出康門雷池一步。他的治學宗旨，仍「以宗法孔子為主義」，「傳孔子太平大同之教於萬國」。學術流派仍為今文經學，「宜取六經義理制度微言大義，一一證以近事新理以發明之」，完成「春秋經世，先王之志」。治學之道則是傳統的立志、養心、治身、讀書、窮理、學文一整套規範。不過，梁啟超進一步發揮了康門今文學中的積極的東西，他在立志中把儒家的以天下為己任，同多數儒生的仕途經濟作了區分。他的立志旨在「服儒者之服，誦先王之言，當思國何以蹙，種何以弱，教何以微，誰之咎歟？」而不能志在「科第衣食」。「學者若志在科第，則請從學究以游；若志在衣食，則請由市儈之道；有一於此，不可教誨，願共戒之」。與此同時，他多處批判了那些「束身寡過」的「鄉黨小儒」，「雖讀書萬卷，只成碎義逃難之華士」，一針見血地指出了舊學的大弊所在，並開了兩味藥方，一是「廣其識見」，一是增其「閱歷……遍觀天地之大、萬物之理」。

在學術源流方面，梁啟超對經世之學和西學給予了特別的關注。他指出：「今之服方領習矩步者，疇不日讀書，然而通古今達中外能為世益者，蓋鮮焉。……今時局變異，外侮交迫，非讀萬國之書，則不能通一國之書。然西人聲光化電格算之述作，農礦工商史律之記載，歲出以千萬種計，日新月異，應接不暇。唯其然也，則吾愈不能不於數十寒暑之中，劃出期限，必能以數年之力，使學者於中國經史大義，悉已通徹。根柢既植，然後以其餘日肆力於西籍。」這不僅突出了學習西學的必要性，而且在學習程式上，把西學上升到實際的重點地位上。至於經世，梁啟超也明確地指出，當「與唐宋以來之言經世者又稍異」。今之經世，不能僅以中學的「經義掌故為主」，而須以學習西方的「憲法官制為歸」。也即「深通六經製作之精意，證以周秦諸子及西人公理公法之書為之經，以求治天下之理。必博觀歷朝掌故沿革得失，證以泰西希臘羅馬諸古史以為之緯，以求古人治天下之法。必細察今日天下郡國利病，知其積弱之由，及其可以圖強之道，證以西國近史憲法章程之書，及各國報章以為之用，以求治今日之天下所當有事」。梁啟超滿懷熱情，試圖用中國經世實學為體，用西方政治學為用，去充實經世實學的內容，重新改造和建鑄實學理論構架，並把實學的應用範圍從傳統的水利、漕運、鹽政等民生大計，一直擴展到官制、法律、行政管理等各個方面去。顯然，梁啟超雖然恪守著康門學術上的各個戒條，但在其內心深處，卻正在發生微妙而重大的變化。中學於他的作用主要是「植其根柢」，而其學術眼光和價值取向，正在不知不覺中，偏向對西方文化的學習和研討。

《讀〈春秋〉界說》、《讀〈孟子〉界說》，是梁啟超治經心得的精闢總結。經乃儒家典籍的統稱，訓解經書，闡明經義，即為經學。漢武帝獨尊儒術，使經學成為官學，經學深入到政治、文化、思想、學術各個領域，從而完成了儒學的經學化。而在經學內

一、時代驕子

部，則出現了研究由民間口頭相傳的今文經，和在孔子舊宅發現的古籀文寫成的古文經兩大學派。今文經學著眼於孔子的政治理想與主張，專門挖掘其微言大義，以求治國安邦，以《春秋公羊傳》為核心，講求「授經者傳先師之言」的師法；古文經學則視經為史，注重訓詁考證，講求「合一家之說」的家法，以《周禮》為核心。今古文之爭，在漢代一度極其激烈。今文經學曾借董仲舒的政治地位和學術貢獻，取得獨尊地位。但隨著其讖緯化的破產，以及古文經學大師賈逵、馬融、許慎、鄭玄等人的突出成就，而最終黯然失色。清代學者在大規模整理古代文化典籍的過程中，以經學考據為手段，曲折地批判宋明理學，發展了具有近代實證科學方法論意義的乾嘉考據學派，使漢學大發異彩。而在漢學流入繁瑣考據末途時，今文經學又被莊存與、劉逢祿、宋翔鳳等學者重新抬出來，以喚醒世人，尤其士子們的現實感、危機感。晚清思想家魏源、龔自珍都繼承了這一學術源流。康有為更是獨具慧眼，他利用自己淵博的經學知識，找到春秋公羊說的微言大義作為工具，虛構了一位託古改制的孔子，並以據亂世—昇平世—太平世的三世說，宣傳進化論，為變法尋求理論根據。梁啟超在萬木草堂，以《春秋公羊傳》為基本教材，接受了系統的今文經學教育。作為一個聰明絕頂的學生，他深得康有為學說的精髓。

在這兩篇純學術的論文中，梁啟超首先論證了「孔子改制之說本無可疑」，然後則進而論證了「《春秋》為孔子改定製度以定萬世之書」。他讚譽孔子在「王者不能自舉其職」時，敢於以「一儒之筆」來「垂制立法，以教萬世」，是符合「天地之公理」的壯舉，而絕非「僭越」妄為。不但孔子改制天經地義，就連黃宗羲著《明夷待訪錄》、王夫之著《黃書》、《噩夢》、馮桂芬著《校邠廬抗議》，也無一不屬理所當然的改制之作。他公然宣稱：「凡士大夫之讀書有心得者，每覺當時之制度有未完善處，而思有以變通者，此最尋常事。」改製成了經學的正統，不但孔子可以改制，所有有識之士都可以借經改制。

梁啟超結合今文經學的學術特點，反覆強調「春秋立三世之義，以明往古來今天地萬物遞變遞進之理，為孔子範圍萬世之精意」，從而透過對經學的研究，把孔子打扮成進化史觀的老祖宗。梁啟超準確地抓住了三世說，是把進化論塞進經學的突破口。與此同時，他不厭其煩地再三說明《春秋》旨在明義，是本「託事以明義」的「記號之書」，而真正的大義又集中在穀梁、公羊口說之《春秋》，所以「與經別行」，見諸文字時就會「間有遺漏錯置」，人們不能因此去懷疑今文經學的正確性與合法性。相反，「凡先師言《春秋》之義，皆不必在經，而探之與在經無以異」。而且，「《春秋》之例乃藉以明義，義既明，則例不必拘」。例不過是個識別記號的「標識」，其意義十分有限，如以此「拘於文、局於事、滯於例者」，就很難得《春秋》的真傳。梁啟超承祧其師，以我注六經之慨，為突破傳統經學的桎梏，找到了一條門路，把今文經學的微言大義和所謂「師法」，發揮得淋漓盡致。

在《讀〈孟子〉界說》中，梁啟超充分發揮了康有為認定孟子為孔學正門的思想，並將孟子的主要觀點與大同學說一一作了比附，使之更加條理化。同樣，經過梁啟超的一番苦心打扮，孟子也成了「舍王經而言《春秋》」的今文學派的老祖宗。孟子的性善說，也成為「西人近倡進種改良之學」的原因和正果。儒家的仁政、王政、不忍人之政，則以孟子的「民為貴」思想為仲介，附會「泰西諸國今日之政治制度近之」。就連「不患寡而患不均」的井田制，也從小農平均主義的夢想，變成了西方資產階級所鼓吹的「平等之極則」。孟子於《春秋》中，所傳的大同之義，在中國成了絕學，卻「有為今日西人所已行者」，其「為今日西人所未及行」者，也可決「他日之必行」。大同社會以資產階級理想王國為其藍圖，昭然若揭。梁啟超儘管對西學尚處於一知半解階段，但那種硬要使之成為孔孟一脈相傳的儒學正統的努力，卻深得其師三昧。

《讀〈春秋〉界說》、《讀〈孟子〉界說》顯示了梁啟超的經學根柢，及其在使傳統經學社會化、政治化、實用化方面所做的努力。他在全盤繼承康學宗旨的基礎上，提出了不少新的學術見解，如戰國時期的孔學兩派，荀子在傳經，屬文學之科，孟子在經世，屬政事之科；又如《春秋》有三書：未修之《春秋》，記號之《春秋》，口說之《春秋》等，從而豐富了經學研究，尤其今文經學研究的內容及其方法。但兩文自身的宗旨，與其說在治經，不如說在改經，只不過鑒於當時權貴們視西學如寇仇、民眾對西學又暗無所知、維新派自己對西學也不甚了了的形勢下，梁啟超也只能借助早期改良主義知識分子們所用過的故伎——禮失求野，把西學悄悄從後門塞進經學的範圍之中。

這個過程雖然由康有為發端和擎旗，但這一理論的通俗普及與鼓吹工作，卻是由梁啟超來完成的。梁啟超也正是由於這一歷史性功績，才從一個名不見經傳的後生學子，一躍成為國人矚目與在華外籍人士所高度關注的時代驕子。

二、轉型與抉擇

眾所周知，一八四〇年第一次中英鴉片戰爭爆發，其結果是清政府被迫簽訂城下之盟——喪權辱國的《南京條約》。中國的大門被鴉片和砲艦打開，中國開始逐步淪為

二、轉型與抉擇

列強侵略勢力的原料供應地和商品輸出地，以一個被壓迫、被掠奪的弱小民族身分，出現於世界之林，從而揭開了中國近代史的第一頁。

不過，中國的近代史和近代化並不同步。同西方近代化是一個自然成熟過程相反，中國的近代化是一個畸形、艱難、曲折而緩慢的過程。過去，人們習慣於把第一次、第二次鴉片戰爭同甲午戰爭相提並論，實際上，它們的作用不能等量齊觀。甲午戰爭前，中國的社會結構並未發生根本性的變動，儘管它不斷地產生著一些新的因素，但這些新的因素都不曾壯大到有足夠的力量，動搖到這個老大封建帝國的根基。

從經濟上看，中國的小農生產方式仍占據著統治地位。第一次鴉片戰爭失敗後，英國的布爾喬亞，尤其是紡織巨頭們欣喜若狂。四億五千萬人口的中國市場，實在具有莫大的誘惑力。英國資本家計算著，只要中國人每人買一頂睡帽，就會獲取巨大的利潤。然而，這一夢囈成了歷史的笑話。中國的市場不那麼好打開。具有六七千年耕織結合傳統的中國人，經濟上自給自足的封閉驚人之固；而這種生產方式使他們養成的在最低生活線上掙扎的能力，也同樣是驚人的頑強。除了罪惡的鴉片貿易，借助列強對中國的政治壓迫而繼續猛增外，外國侵略者並不能夠立即就把中國變成一個可以隨心所欲的商品傾銷地。直到距第二次鴉片戰爭後已十年之久的一八七一年，中外貿易的進出口淨值仍然相等。最可笑的是，在中國出口貿易總值中占據百分之五十以上的英國，還對中國入超百分之二十，要靠香港出超的百分之二十，它才能夠略佔優勢。而西北邊疆腹地與外國進口貿易等於零。西南除重慶、萬縣、宜昌外，也基本上與國外沒有進口商務活動。以農村為主的華北地區，在進口貿易值上所占比重為百分之二點二，東北為百分之零點三。尤其值得注意的是，在進口商品中，除了建築交通設備裝置，機器和大工具為空缺。至一八七三年，中國出口的原料、半成品、成品中也幾乎沒有機械製品。

不管清政權的主觀意願如何，列強以實力政策把它強行納入了近代世界體系之中，雖然其位置極不光彩，而在封建社會內部，這種傳統的結構，又使它還能繼續故步自封，安之若素，視廣大農民為心腹之患，視列強為小小「蠻夷」。而且，它與世界的時空落差越大，它的這種夜郎自大心態和排外政策傾向，也就越強烈、越膨脹。第二次鴉片戰爭後，它在鎮壓太平天國農民政權後，調整了政權內部各部分力量與利益的平衡機制，緩衝了滿漢地主集團和中央與地方實力派之間的矛盾衝突，還以「洋務運動」為代表的局部性改革措施，換取了列強的暫時性支持，所以又一次度過了統治危機。在這種背景下，清政權很難意識到民族危機的嚴重性，也無法提出和理解近代化才是中國社會變革的主旋律。

二、轉型與抉擇

不僅中國的統治階級，就連中國的廣大民眾及其士大夫們，也都保持著這種舊觀念、舊心態。第一次鴉片戰爭期間，京口驛無名氏題壁詩痛斥權臣：「噬臍未及終邊患，食肉無謀豈將才。黎庶脂膏將士血，染成丹頂位三台！」並警告全國軍民：「局外也知成破竹，夢中猶未覺薪燃。」然而，就連這樣一位忠憤填膺而又頗有遠識的正直文人，也仍然以為英國的船堅炮利，也只是史書上的「五胡亂華」而已，可悲到了何種程度。而一位文人許棫的詩，反映出的情緒就更為典型，「二夷（指英法——筆者注）毒諸邦，久干皇天怒。丑類會盡殲，安能患中土。腐儒為國憂，所憂在東南……官吏索既充，民生日以艱。卒然是偏荒，丁壯思揭竿。內憂信可虞，外患姑從寬」。在嚴峻的歷史挑戰緊要關頭，中華民族同面臨同樣困惑的日本民族，作出了不同的選擇。中國統治階級中的核心集團，竭盡全力維護祖宗之法、祖宗之制，統治集團中的改革派也即洋務大員們，也根據中學為體、西學為用的原則，只在不傷國體的前提下，在夷之「長技」、我之「末技」的範圍內下點功夫，他們都把開放看成權宜之計而加以種種限制。日本卻不然，他們透過明治維新，全面開始了近代化的過程。

遺憾的是，祖宗之法、祖宗之制不領守舊派的「愛國」熱情。「丑類」不但不曾盡殲，反而越來越為患中土，並且其觸角延伸到許多方面。康有為僅僅是「薄遊香港，覽西人宮室之瑰麗，道路之整潔，巡捕之嚴密」，就怦然心動，始「知西人治國有法度，不得以古舊之夷狄視之」。與此同時，洋務運動雖有種種局限，但它畢竟邁出了中國人走向世界的第一步。梁啟超過上海，見到江南製造局翻譯的西書，就不由得「心好之」，激發了對西方文化最初的興趣。當時，像這樣的年輕人為數也不算太少。萬木草堂的弟子們大多屬於這種類型。

甲午戰爭是中國近代變革的真正起點。它暴露了中國政治、軍事、經濟、外交的黑暗腐敗。民眾對統治者的失望達到極點。如陝西道監察御史史照麟所言：「夫天下所為痛恨之人，自大學士迄奴才科道等皆是也。」就連慈禧太后，也丟失了頭上神聖的光環。《馬關條約》簽訂後，北京城門上有人赫然題寫一聯：「萬壽無疆，普天同慶；三軍敗績，割地求和。」其後又傳一聯更為辛辣：「台灣省已歸日本，頤和園又搭天棚。」「誤國群奸真是賊，籌邊六練竟降倭」，「謀國紛紛說自強，果將何術報君王」。甲午戰爭的慘敗，必然引起人們對洋務運動的重新認識與總結清算。著名近代啟蒙思想家嚴復，於一八九五年拍案而起，痛斥洋務運動種種弊端；就連普通士子，也尖銳指出，洋務運動「購艦練兵，歲縻鉅萬，財殫力竭，幣藏空虛」，而其利「不歸於國，而歸於官，歸於商，則徒奪民利以為利」，「捨本逐末」，「為泰西廝役則有餘，而無益政事……為中國漢奸則有餘，而無益士林。所謂得其貌，失其真，慕其名，忘其實也」。洋務大員們的威望一落千丈，李鴻章一時成為眾矢之的，就連統治階級內部人士中，彈劾他的奏章也多如雪片紛飛。

甲午戰爭把空前深重的民族危機，擺到了全國人民面前。「一自珠崖棄，紛紛各傚尤。瓜分唯客聽，薪盡向予求」，「爭問三分鼎，橫張十字旗。波蘭與天竺，後患更難知」。黃遵憲的《書憤》詩，觸目驚心。人們對「和議鑄他膠柱久，利源銷我漏卮多」的現狀，感到再也無法容忍下去了。「風會特開千古局，車書真見萬方同」，走出天朝第一、夜郎自大的樊籠，變革之心油然而生。「中國欲自強，必講西學」，成了越來越多的先進的中國人，尤其是知識分子的共識。長期以來，設防於人們心中的中西文化之間的藩籬，正在逐步為一股洪流沖開。而西方文化在中國的快速傳播，反過來又有力地促進了近代知識分子組織的產生和集結。

歷史再次給中華民族一個選擇的機會。中國近代知識分子早期組織，選擇了資本主義，實現了近代化的啟動。以「公車上書」為代表，他們提出了政權要求，並在其後發動了「戊戌變法」。戊戌變法失敗，但卻成為整個近代政治改革運動的起點。他們掀起並領導了戊戌思潮，它同樣成為了中國啟蒙運動和新文化運動的起點。這個隊伍中的部分骨幹人物還身體力行，造就了中國第一代民族資本家及其領袖人物，形成了中華民族資本主義工業勃興的第一個高潮。從一八九四年至一九〇二年九年期間，民族工業資本投資總額高達三千七百二十多萬元，新開廠礦一百一十個，而一八七二至一八九三年二十二年間投資總額僅為一千七百多萬元，廠礦總數六十六個，相差幾近一倍。

在這個社會轉型的大動盪、大分化時期，梁啟超對自己的立場和去向作出了鮮明的抉擇。這一時期，與他政治上的表現一致，在學術上他如飢似渴，拚命學習西學，以期彌補自己在這方面的嚴重不足。其心氣之高，幹勁之大，熱情之熾，態度之嚴肅，足令當今學子汗顏。從他所著的《西學書目表》來看，他涉獵的西書相當廣泛。該書目蒐集西書約三百種，分為三卷。「上卷為西學諸書其目曰算學、曰重學、曰電學、曰化學、曰聲學、曰光學、曰汽學、曰天學、曰地學、曰全體學、曰動植物學、曰醫學、曰圖學；中卷為西政諸書，其目曰史志、曰官制、曰學制、曰法律、曰農政、曰礦政、曰工政、曰商政、曰兵政、曰船政；下卷為雜類之書，其目曰遊記、曰報章、曰格致，總曰西人議論之書，曰無可歸類之書」。書後還附有梁啟超的讀書法，「乃昔時答門人問之語，略言各書之長短及某書宜先讀，某書宜緩讀……初學者觀之，亦可以略識門徑」。由此可見，這些書即使梁未能一一泛讀，至少也讀過相當大部分，擇其精要讀者更不必說，不然他寫不出讀書法。另外，梁曾在此期間動筆作西學提要，只因缺醫學、兵政兩門而未成。《西學書目表》分類廿餘種，他所讀過且能提要的書，範圍和數量也就算得上洋洋大觀了。書目表還有附卷，為「中國人著書言外事，其切實可讀者，亦略有數十種」。

在所讀西書中，梁啟超特別重視政學。這與當時維新派的活動圍繞變法進行有關。一八九七年，梁啟超輯《西政叢書》出版，分史志、官制、公法、農政、工政、商政、兵政八門三十二種，「都是當時討論西洋政事的切要之書」。梁啟超還在上海創辦了大同譯書局，旨在泛譯西書和時人新論，規模甚為宏大。梁曾在其《敘例》中述其主張：「以東文為主，輔以西文，以政學為先，而次以藝學，至舊譯希見之本，邦人新著之書，其有精言，悉在採納，或編為叢刻，以便購讀，或分卷單行，以廣流傳。將以洗空言之誚，增實學之用，助有司之不逮，救燃眉之急難，或其憂天下者之所樂聞也。」應該看到，梁啟超不但為變法運動做了大量宣傳工作，在提倡和普及西學方面，他也是不遺餘力，而且卓有成效的。《時務報》和時務學堂是他的兩大陣地。此外，他還積極參加了創辦《知新報》、《農學報》。同《時務報》一樣，這兩報的重要任務之一，也是生動通俗地介紹包括西方科技知識在內的西方文化。一八九八年七月三日，光緒帝召見梁啟超時，梁又痛陳譯書為中國變革之急務，並於其後上書建議開辦譯書局與編譯學堂，光緒帝一一照准所請。

這期間，梁啟超先後結納了一批洋務派智囊團的中堅人物，如馬建忠、馬相伯、陳熾、宋恕、何禮垣、鄭觀應、經元善等，並認真閱讀他們的代表作。他深知自己「未肄西文，未履西域，未接西士」，需向那些「所謂豪傑之士，周知四國者」學習，以少走彎路，多獲成效，事半功倍。而在向他們學習的過程中，他特別注意的是他們「為數十年以前談洋務者所不能言」，「為數十年以後治中國者所不能易」的遠見卓識部分。這的確是梁啟超獨具慧眼、聰明過人之處。他不因洋務派的局限與洋務運動的破產，而拒絕或排斥汲取前人積極的思想與文化成果；也不因後者而束縛自己的胸襟抱負，不求向未來發展。

梁啟超身邊有一個朝氣蓬勃的學術小團體。小團體的核心，是當時中國學術界、思想界中最優秀的中青年維新志士，如譚嗣同、夏曾佑、唐才常、康廣仁、林旭、陳通甫、韓文舉、麥孟華、徐勤、曾樸、羅普等。他們一部分是萬木草堂的學友，一部分是時務學堂的同事，還有一部分是梁在京滬從事維新啟蒙活動時結識的知己。除此外，還有部分時務學堂的學生，如林圭、樊錐、李炳寰、蔡鍾浩、蔡鍔、梁作霖等，梁啟超與他們的交往也很密切。梁在時務學堂執教時，透過師生間的問答討論、札記批語，與他們一起議論時政，切磋學問，交流思想。離開時務學堂後，他們之間也常常魚書鴻信，頻相傳遞，連繫不斷。直至「戊戌變法」後，梁啟超流亡日本，時務學堂還有十數名學生，隨之去了東瀛，在維新派主持的大同學校繼續學習。

在這些朋友中，予梁以重大學術影響的，首推陳通甫、譚嗣同、夏曾佑三人。陳通甫（字千秋）為梁學海堂和萬木草堂的同學。正是他把梁引薦給康有為，並促成梁拜康為師。陳「聰明絕人，而氣魄剛毅」，深得康賞識，是萬木草堂首席弟子。陳博古通今，經學功底扎實，「讀書甚多」，長於考據，「精於擇書」，梁的前期學問，得其力不少，視之「為其導師」。

譚嗣同「少倜儻有大志，淹通群籍，能文章，好任俠」，崇奉王夫之之學，好談名理，注重經濟，「甲午戰爭後，益發憤提倡新學」。梁啟超一八九五年與其交遊，「語以南海講學之宗旨，經世之條理，則感動大喜躍，自稱私淑弟子」。一八九六年，譚「閉戶養心讀書，冥探孔佛之精奧，會通群哲之心法，衍釋南海之宗旨，成《仁學》一書」。《仁學》繼承王夫之的樸素唯物主義和西方自然科學成果，提出了由處於運動狀態的「以太」構成萬物世界的宇宙觀。而「仁」則是以太的根本性質。「仁」即愛人，「仁—通—平等」是社會發展的普遍原則。譚嗣同運用資產階級的天賦人權、自由平等博愛以及人道主義學說，改造儒家文化，開始了建立近代政治學的最初嘗試。《仁學》批判了兩千年來的封建專制制度，大膽地「沖決網羅」，並為其尋找哲學理論依據，表現出無與倫比的勇氣和睿智。這對梁啟超的啟迪和激勵都極大，他一直尊其為晚清思想界光芒萬丈的大彗星。

夏曾佑（字穗卿，號碎佛）也是梁的摯友。他治今文學，與梁極為投契。「每發一義，輒相視而笑」。但他們之間討論得更多的，卻是對西學和佛學的研討。他們當時幾乎「沒有一天不見面，見面就談學問，常常對吵，每天總大吵一兩場」，而吵的結果，「十次總有九次」以梁的屈服而取得意見一致。在創新史學、批判漢學方面，梁認其為「少年做學問的最有力的一位導師」，也是「晚清思想界革命的先驅者」，其思想「深刻和卓越」。

這期間，梁還結識了黃遵憲、嚴復、張謇、章太炎、熊希齡、沈曾植、文廷式、陳寶箴、陳三立、徐致靖、黃紹箕、江標、鄒代鈞、皮錫瑞、孫貽讓、楊深秀、劉光第、楊銳等。不管他們之間關係如何，政見如何，學派如何，均屬當時通達中西學的一流人物，他們在學術上卻都各有所長，相互有所交流。其中如鄒代鈞、皮錫瑞、孫貽讓、文廷式、陳寶箴等，都是確有真才實學的名儒宿彥。尤其是黃遵憲和嚴復，都曾盡心給予梁啟超以寶貴的規勸和指導。這對梁啟超今後的學術發展，也是一個良好的條件和難得的機遇。

這一時期的學習實踐和文化累積，使梁啟超羽翼大豐，而對自己的學術前途充滿自信。他曾在致汪康年、汪詒年的一封信中宣稱：「我今直恨所著之書未成，刻書之資未充耳。他日鄙志苟逮，則將裒然成巨帙，藏之名山，傳之其人。」他堅信自己的抉擇正確：「吾學必行。」由於汲取了新的思想營養，梁啟超更加猛烈地向舊學開炮。「今之所謂儒者，八股而已，試帖而已，律賦而已，楷法而已，上非此勿取，下非此勿習。其得之者，雖八星之勿知，五洲之勿識，六經未卒業，諸史未知名，而然自命曰：儒也，儒也。上自天子，下逮市儈，亦褒然尊之曰：儒也，儒也。又其上者，箋注魚蟲，批抹風月，旋賈馬許鄭之胯下，嚼韓蘇李杜之唾餘，海內號為達人，謬種傳為鉅子。更等而上之，則束身自好，禹行舜趨，衍誠意正心之虛論，剿攘夷尊王之迂說。綴學雖多，不出三者。歷千有餘年，每況愈下，習焉不察，以為聖人之道，如此而已。」這段議論的確精彩，它一針見血地擊中了儒學發展到清末，已流入虛浮頑梗，於世事了無補益一途的要害所在。與西學「相形之下，有用無用，應時立見」。公允地說，這些批判，對儒學的學術與歷史價值，有不加分析、過於否定之虞，而梁囿於今文經學的門戶之見，在學術源流的分析上，也頗多偏頗武斷之處。儘管如此，他對儒學與近代社會之間的巨大時空差，卻抓得很準確、很敏銳、很深刻。

在這期間，梁啟超與其友人們，也一度出現過分崇洋的傾向。他們拿著教會的幾本書當寶貝，對西學生吞活剝，不加消化。這正是他們對西方文化尚處於不甚了了階段之故。不過，在潛意識中，梁啟超也感覺到了這種傾向的危險性。他批評了那些「直欲舉中國文字，悉付之一炬」的民族虛無主義者，實質上是些「彝其語，彝其服，彝其舉動，彝其議論」，而對「西學格致之精微」、「西政富強之本末」一無所知的不學無術之徒。他們「上之可以為洋行買辦，下之可以為通事之西奴」，如此而已。他還痛斥了那些於「中國實學，一無所識，乃藉西學以自大」來「盛氣壓人，苟求衣食」的「無賴學子」。他斷言：「要之，舍西學而言中學者，其中學必為無用；舍中學而言西學者，其西學必為無本。無用無本，皆不足以治天下。」這種學術見解，無疑適應了時代的要求，並大大高出了他的同代人。「方今四彝交侵，中國微矣……存亡絕續，在此數年。學者不以此自任，則顛覆慘毒，寧有幸乎？」用西學改造中學，重建新國學，已在梁啟超的頭腦中萌發了。

三、初試鋒芒

一八九八年九月二十一日，慈禧太后頒諭，垂簾聽政，並因光緒帝於南海瀛台。瀛台四面環水，僅一板橋與外相通。光緒帝成為階下囚，小小南海成了無邊無岸的苦海。曾有六位太監密謀幫助他外逃，都被慈禧太后下令與戊戌六君子共同斬於菜市口。政變當天，梁曾與譚嗣同一起擘劃大計，聞訊後，譚嗣同即決定以死抗爭，並要梁去日本使館找伊藤博文，設法救光緒與康有為。梁當夜去日使館，翌日譚嗣同也去該處與他相見，並勸他去日本：「不有行者，無以圖將來；不有死者，無以酬聖主。」兩人遂此壯別。譚嗣同被捕後，寫了一封絕命書給梁，「嗣同不恨先眾人而死，而恨後嗣同而死者之虛生也……嗣同生不能報國，死而為厲鬼，為海內義師之助。卓如未死，以此書付之，卓如其必不負嗣同、負皇上也」。九月二十八日，譚嗣同慷慨就義。

梁啟超在日本駐華代理公使林權助的幫助下，化裝成獵人逃往天津，後乘上日本軍艦成功出逃。肩負著難友的囑託，面對著茫茫無涯的海洋，他的心情異常沉重。「君恩友仇兩未報，死於賊手毋乃非英雄，割慈忍淚出國門，掉頭不顧吾其東。……瀟瀟風雨滿天地，飄然一身如轉蓬，披髮長嘯覽太空，前路蓬山一萬重，掉頭不顧吾其東」。

在軍艦上，梁啟超開始學習日文，並翻閱了一本小說《佳人之奇遇》。抵日後，他加倍努力地學習語言。從一八九九年至一九〇五年，是梁啟超一生中最輝煌，然而爭議也最多的時期。他接連創辦了《清議報》和《新民叢報》，以它們為陣地，高揚啟蒙思想的大旗。對他這一時期的評價眾說紛爭。攻擊者說他是保皇派的健將，反對革命的絆腳石，兩面三刀的投機主義者，自立軍失敗的罪魁禍首，民主派的頭號大敵等等。肯定者頌揚他是偉大的啟蒙思想家，卓越的進步的政治理論家，出色的宣傳家、社會活動家，廣大愛國學生的師友，革命民主派的盟人等等。筆者傾向於後者。而且，筆者想強調的是，梁啟超這時期不但在政治理論研究和宣傳上大放光華，而且在學術研究上也初戰告捷。

一八九九年至一九〇四年，梁啟超著述之豐，令人震驚。其中，學術上取得相當成就和重大影響的，有以下篇目：《新民說》、《新史學》、《中國四十年來大事記》（即《李鴻章》）、《中國史敘論》、《過渡時代論》、《論中國學術思想變遷之大勢》、《保教非所以尊孔論》、《國家思想變遷異同論》、《論近世國民競爭之大勢及中國前途》、《十種德性相反相成議》、《清議報一百冊祝辭並論報館之責任及本館之經歷》、《論教育當定宗旨》等，真可謂犖犖大觀，令人嘆服。實際上，風靡海內外的《新民叢報》的

三、初試鋒芒

多數文章，均由梁一人執筆，而絲毫不讓人感到有內容貧乏之嫌。

梁在汲取西方資產階級啟蒙思想家理論精華，尤其是其社會契約與天賦人權理論的基礎上，發揚光大了《仁學》的傳統，建立起中國式的近代國家理論。這個理論集中表現於《新民說》，並散見於梁的其他大量政論文章中。在《新民說》裡，梁啟超系統論述了什麼是國家思想與國民資格及其權利義務。梁運用進化論和社會契約論為武器，說明人類是由於需要「求彼我相團結相補助相捍救相利益之道」，才由「群族而居，自成風俗」的部民，而進化到「能自布政治」的國民所組成的國家，否則就會「以一身子然孤立於大地，則飛不如禽，走不如獸，人類相翦滅亦既久矣」。國家好比一公司，朝廷好比公司事務所。梁啟超機智而犀利地否決了中國自古以來君權神授的神話，認為國家只是群治和進化的產物。

梁啟超批判了天朝中心論。「人類自千萬年以前，分孳各地，各自發達，自言語風俗，以至思想法制，形質異，精神異，而有不得不自國其國者。循物競天擇之公例，則人與人不能不衝突，國與國不能不衝突，國家之名，立之以應他群者也。」所以，既不能知有國家而不知有天下，也不能知有天下而不知有國家。

在此基礎上，梁啟超對什麼是國家思想，作了一個精闢的總結：「一日對於一身而知有國家，二曰對於朝廷而知有國家，三曰對於外族而知有國家，四曰對於世界而知有國家。」根據這種嶄新的國家觀念，梁啟超強調了「天下未有無國民而可以成國者」，而國民必須「備有人格，享有人權，能自動而非木偶，能自主而非傀儡，能自治而非土蠻，能自立而非附庸，為本國之民而非他國之民，為現今之民而非遠古之民，為世界之民而非陬谷之民」，「以今日列國並立，弱肉強食、優勝劣敗時代，苟缺此之資格，則決無以自立於天地」。

結合中國的傳統學術，尤其是史學，梁啟超集中抨擊了中國封建專制制度。他痛斥路易十四的「朕即國家」論，指出這種謬論猶如「有一公司之總辦，而曰我即公司，有一村市之值理，而曰我即村市；試思公司之股東，村市之居民，能受之否也？」「歐美五尺童子，聞之莫不唾罵焉」。他進而斷言：「朝廷由正式成立者，則朝廷為國家之代表……朝廷不以正式成立者，則朝廷為國家之蟊賊。」國家是國民的公產，而不是一人一姓的私產，朝廷能夠代表人民的意志和利益，才有代表國家的資格，才有執行權力的合法性。這種國家觀，已同近代法制觀念開始掛鉤。

梁啟超具體分析了中國缺少國家思想和國民意識的嚴重危害性。「其下焉者，唯一身一家之榮瘁是問；其上焉者，則高談哲理以乖實用也。其不肖者且以他族為虎，而自為其倀；其賢者亦僅以堯跖為主，而自為其狗也」。這種只知一身一家的人，「苟有可以謀目前錙銖之私利者，雖賣盡全國之同胞以圖之，所弗辭也」。梁啟超真是罵得痛快淋漓。對於中國歷史上漢奸出得多的現象，也不失為一種解釋。梁啟超對舊文化中的忠義觀念，也作了剖析：「言忠國則其義完，言忠君則其義偏。何也？忠孝二德，人格最要之件也，二者缺一，時曰非人。使忠而僅以施諸君也，則天下之為君主者，豈不絕其盡忠之路，生而抱不具人格之缺憾也……人非父母無自生，非國家無自存，孝於親，忠於國，皆報恩之大義，而非為一姓之家奴走狗者所能冒也。而吾中國人以忠一字為主僕交涉之專名，何其傎也！」梁啟超運用以子之矛、攻子之盾的思辨技巧，條分縷析，擷出舊學的糟粕，然後以近代民主意識，賦予新的社會內容，切實地尋求改造舊學，建設新學的具體途徑，這是極其進步的學術主張和態度，不愧為中國近代學術的開路先鋒。

梁啟超詳細探討了「新民」之路，也即如何提高國民素養，使之具有國民資格的具體辦法。在這方面，他認真汲取了西方資產階級啟蒙學派的先進學說。他把新民問題，同天賦人權與自由平等博愛學說，有機結合為一體，這構成了近代中國國家理論的一大特色。梁啟超提出，「國也者，私愛之本位，而博愛之極點」。博愛的基礎，是人有「自捍自保之良能，此有血氣之公例也」。這也是人的責任。對於動物而言，以保生命為要義。「而號稱人類者，則以保生命保權利兩者相倚……苟不爾者，則忽喪其為人之資格，而與禽獸立於同等之地位」，「人之所以置於萬物者」，是因他不僅有「形而下」的生存，「而更有『形而上』之生存」，其中，權利為其第一義。只有「人人務自強以自保吾權」，才能愛國衛國。梁啟超旁徵博引，遍說古今中外，反覆申言：「國家譬猶樹也，權利思想譬猶根也。」「為政治家者，以勿摧壓權利思想為第一義；為教育家者，以養成權利思想為第一義。為一私人者，無論士焉、農焉、工焉、商焉、男焉、女焉，各以自堅持權利思想為第一義。國民不能得權利於政府也，則爭之。政府見國民之爭權利也則讓之。欲使吾國之國權與他國之權平等，必先使吾國中人人固有之權皆平等，必先使吾國民在我國所享之權利與他國民在彼國所享之權利相平等，若是者國庶有瘳。」與權利相對應，梁啟超頗為辯證地論證了義務觀念，認為文明之世，「二者其量適相均」，批判了封建社會中，長期甚囂塵上的無權利的義務思想與行為，號召對那些「長擁此無義務之權利」者，應該起而抗之」。

梁啟超還重點探討了自由與生計問題及它們同國家學說之間的內在連繫。他謳歌自由是「天下之公理，人生之要具」，「歐美諸國民所以立國之本原」，「數百年來世界之大事，何一非以自由二字為之原動力」。爭取自由，必須「勿為古人之奴隸」、「勿

三、初試鋒芒

為世俗之奴隸」、「勿為境遇之奴隸」、「勿為情緒之奴隸」，要言之，勿為自己心中的奴隸。「人之奴隸我不足畏也，而莫痛於自奴隸於人，自奴隸於人猶不足畏也，而莫慘於我奴隸於我」。顯然，梁啟超認為，真正的自由首先在觀念的解放和更新。這是很有見地的。

在《論生利分利》一節中，梁啟超研究了經濟問題，研究了資本、勞力與生利的關係，以及如何擴大再生產的問題。他的經濟觀念比較混亂，但他指出今日世界乃「生計競爭之世界，一國之榮瘁升沉，皆系於是」，的確是不刊之論。他還分析了中國生利者少，分利者多，所以難於發展的現象，也屬真知灼見。有趣的是，他把中國的紈絝子弟和大部分官吏，劃為「不勞力而分利者」，而把讀書人和教師，劃為「勞力而分利者」一類，並把從事「發見和發明」者，推為生利事業的首位，真可謂遠見卓識，罕有其匹者。

梁啟超深挖了中國缺少近代國家觀念的根源。他分析了五個原因：「大一統而競爭絕」、「環蠻族而交通難」、「言文分而人智局」、「專制久而民性漓」、「學說隘而思想窒」。這實質上是從制度、地理環境、文化習俗、歷史傳統、學術淵源五個方面，批判了中國內外蔽塞、封閉自守而造成的社會停滯之害。在學術原因上，他特別強調了

「必強一國人之思想使出於一途」的做法，是對社會進步的最大阻力和危險。在《中國積弱溯源論》一文中，對這些問題，他進行了更加專門和深入的探討。他說，中國「自數千年來，同處於一小天下之中，視吾國之外，無他國焉」。這使中國人不知天下與國家之分，缺乏競爭意識和平等觀念，不是夜郎自大，就是怯懦自閉。再有就是分不清國家與朝廷的區別，國家與國民的關係。「有國家而後有朝廷，國家能變置朝廷，朝廷不能吐納國家」，「國也者，積民而成。國家之主人為誰，即一國之民是也」，而中國的專制統治，卻使得「有國者僅一家之人，其餘則皆奴隸」，安得不弱？不敗？不恥？梁啟超進而痛批封建君主的統治術，及其得力工具——官僚體制與政治。

如何建立新的國家體制？梁啟超沒有明確的意見和設想。但他已十分注意國家的立法與財政。早在一八九九年，他就寫了《各國憲法異同論》。一九〇〇年又寫了《立憲法議》。一九〇二年，發表了《論立法權》、《論政府與人民之權限》等。同年，他還寫了《中國財政私案》和《生計學學說沿革小史》。對國體改革的手段，梁啟超前後有一個較大的變化。到日本後，他醉心於盧梭學說，一度高倡破壞主義。「美哉破壞！仁哉破壞！」這反映了他從君權論立場躍進為民權論立場的一大政治進步，對激發國人反抗專制制度與政體及其民主意識的覺醒，起了非常積極的作用。以同盟會為代表的革命

三、初試鋒芒

黨到後來的國民黨、共產黨的早期代表人物，無不受其啟發。但一九〇三年後，梁啟超重新轉向保皇立場，原因則非常複雜，不能一概而論，更不能只是一味地罵煞。

不過，不論梁啟超個人政治立場在此期間有過什麼樣的變化，也不管他的國家學說有多少不夠完善以至謬誤之處，作為一個能與時代同步的大學問家，梁啟超在批判封建政治學說的基礎上，建立起中國的近代國家學說，總是一個了不起的貢獻與成就！梁啟超的國家學說，是近代中國新國學的第一塊奠基石，這個學說中許多卓越的思想，至今仍在閃光，仍然沒有失去它的鋒芒。

梁啟超在學術上的另一大貢獻，是他的《新史學》。這篇論文是資產階級史學建立的標誌，也是對舊史學一個最初的而又系統的總結。首先，梁啟超充分肯定了史學在中國的悠久傳統與地位。史學是中國的固有學問，「試一翻四庫之書，其汗牛充棟浩如煙海者，非史學書居十六七乎？上自太史公、班孟堅，下至畢秋帆、趙甌北，以史家名著不下數百，茲學之發達，二千年於茲矣」。梁還以圖表形式具體地總結了中國史學的主要派別及史書體裁。

中國史學主要派別及史書體裁（十種二十二類）然而，中國史學如此之發達，卻總是「陳陳相因，一丘之貉，未聞有能為史界辟一新天地，而令茲學之功德普及於國民者」。這究竟是什麼原因？梁啟超回答：「一曰知有朝廷而不知有國家」，「二曰知有個人而不知有群體」，「三曰知有陳跡而不知有今務」，「四曰知有事實而不知有理想」。這種歷史觀，就使歷史研究陷入了把「君主一人之天下」作為國史、把歷史作為「人物之畫像」、作「死人之紀念碑」的死胡同。歷史不能寫出「群與群之相際，時代與時代之相續」的風貌和原因，不能益民之智而恰巧相反。接著，梁啟超把正統論和所謂史家書法，批了個體無完膚。正統無非是成者為王，敗者為寇的代名詞。梁啟超痛陳其辭：「吾不得不為陳涉、吳廣、新市平林、銅馬赤眉、黃巾、竇建德、王世充、黃巢、張士誠、陳友諒、張獻忠、李自成、洪秀全之徒悲也！彼其與聖神，相去不能以寸耳，使其稍有天幸，能於百尺竿頭，進此一步，何患乎千百年後贍才博學『正言讜論』倡天經明地義之史家，不奉以『奉天承運……太祖高皇帝』之徽號。」他指斥那些「斷斷於此事，攘臂張目，筆鬥舌戰，支離蔓衍，不可究詰」的史家們，「自為奴隸根性所束縛，而復以煽後人之奴隸根性而已」。梁啟超嚴正宣稱：「吾不得不深惡痛絕夫陋儒之毒天下如是其甚。」

結合歷史學的性質與功能，梁啟超對中國史家素以為能事和驕傲的筆法，也作了犀利的抨擊。歷史是「民族進化運動」的記錄，是對其歷史結果和原因的探討研究，沒有

必要去為一人一姓爭高低，明褒貶。史家筆法應用「發揚蹈厲之氣」「養成活氣之人物」，提高整個民族全體的素養，而不必去「專獎勵一姓之家奴走狗，與夫一二矯情畸行，陷後人於狹隘偏枯的道德之域」。梁啟超對史家筆法產生的背景作了新的解釋，認為這是由於孔子「生於言論不自由時代，政見不可以直接發表」，才採用的春秋筆法。這種說法，固然為孔子「為尊者諱，為親者諱」做法所包涵的封建內容作了某種開脫，但也間接揭露了封建專制制度對史學的壓迫與扭曲，使之無法健康發展。

舊史學理論貧乏淺薄，從而導致了它「能鋪敘而不能別裁」，史書所載流水帳多，實質性內容少。再則「能因襲而不能創作」。這兩大流弊造成了舊史學「難讀」、「難別擇」、「無感觸」。其「外貌雖極發達，而不能如歐美各國民之實受其益」。依梁之見，數千年來，有新意的史家僅有司馬遷、杜佑、鄭樵、司馬光、袁樞、黃宗羲六人，他們在史書體裁和內容上都有超越前人之處，史識卓絕。

梁啟超對舊史學的批判，不是為批判而批判，批判的目的旨在建設。梁啟超以近代進化史觀和英雄史觀，重新構築中國史學的理論體系。他首先強調：歷史是「敘述人群進化之現象而求得其公理公例」的人文科學。與自然科學相比，它很難在一個確定的條件下進行試驗，它始終處於「生長發達之中」，而且「不能終極」，所以其「研究較

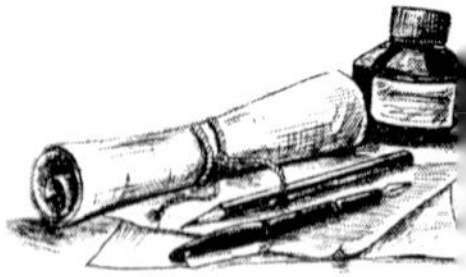

難」「完備難期」。歷史學的功能在「以過去之進化，導未來之進化」，「對於古人已得之權利，而繼續此文明，增長此文明，孳殖此文明」，使後人循此公理公例「以增幸福無疆」。歷史學的成果並非理論上的裝飾品，而「將以施之實用」。所以史學家「責任至重，而成就至難」。這種見識，高出封建史觀及其正統論，當然不知有多少倍，它開闢了一個全新的思路、全新的天地。

尤為可貴的是，梁啟超不但自發地認識到了歷史及歷史學都是一個自然發展過程，他還敏銳地提出歷史活動與歷史研究的主客體問題。「史學之客體，則過去現在之事實是也；其主體，則作史讀史者心識中所懷之哲理是也。有客觀而無主觀，則其史有魄無魂。謂之非史焉可也。」而「偏於主觀而略於客觀者，則雖有佳書亦不過為一家言，不得謂之為史」。要言之，只有主體和客體「和合，然後學問出焉」。梁啟超的這一卓見，抓住了歷史科學的一個本質性特點，並把歷史學昇華到了歷史哲學的高度。

在研究方法上，梁啟超也有不少突破。其一是把歷史人物放到社會和時代的大背景下，進行剖析，「以人物為時代代表」，而不以「時代為人物附庸」。其二是研究歷史要從整體出發，不要「局於一地，或局於一時代」，「上自穹古之石史，下至昨今之新聞，何一而非客觀所當取材者，綜是焉以求其公理公例，雖未得完備，而所得必已

三、初試鋒芒

多矣」。這就空前地擴大了史料的取材範圍與研究者的視野。其三為研究時注意「史學與他學的關係」，不僅注意與史學有直接關係的哲學、倫理學、心理學等學科成果，還要注意與史學有間接關係的自然科學理論。這一時期，梁著有《地理與文明之關係》、《亞洲地理大勢論》、《中國地理大勢論》、《歐洲地理大勢論》、《中國史上人口之統計》、《格致學沿革考略》、《生計學學說沿革小史》等，即其最初的嘗試。這已初露跨學科學研究和多學科學研究的萌芽，是非常值得珍視的學術思想。

梁啟超身體力行，進行了大量專題性歷史研究。在這些研究中，他側重於政治史、財政史、現代史和個案研究。這一時期，他的有關著作有：《中國史敘論》、《中國專制政治進化史論》、《論中國學術思想變遷之大勢》、《論中國與歐洲國體異同》、《過渡時代論》、《戊戌政變記》、《李鴻章》、《南海康先生傳》、《張博望班定遠合傳》等。

梁啟超高度重視史學的啟蒙作用。他認為史學是愛國心的泉源，是「養國民精神之要務」。他和章太炎、羅普、韓文舉、蔣智由、狄楚卿、黃宗仰等一起，發起了「史界革命」，把它作為思想解放運動的主要中心，掀起了一個史學研究的熱潮。蔣智由《歷史》一詩，就滿懷激情，描繪了這種急切的心情：「思欲翻史案，汗牛作秦焚。嗚呼吾史成，朝市屍其身。觵觵此鴻業，耿耿感於心。研煉數千年，天葩逸芬。一卷奇人傳，持以福吾民。」這一時期，梁啟超學術立場還有個重大變化，即從保教之「驍將」，變為保教的「大敵」。康有為為了孔子改制理論的順利推行，一直賣力把儒學宗教化，孔子則為其教主。戊戌變法前，梁啟超對此亦步亦趨。流亡日本後，他的思想觀點與學術主張都發生了很大變化。在他致康有為的一封信中說道：「欲救今日之中國，莫急於以新學說變其思想（歐洲之興全在此），然初時不可不有所破壞。孔學之不適於新世界者多矣，而更提倡保之，是北行南轅也。」在晚年所著的《清代學術概論》中，他憶及當年，也明確說了：「啟超自三十以後，已絕口不談偽經，亦不甚談改制。而其師康有為大倡設孔教會定國教祀天配孔諸議，國中附會不乏。啟超不謂然，屢起而駁之。」又說：「中國思想之痼疾，確在『好依傍』與『名實混淆』……此病根不拔，則思想終無獨立自由之望。」一九〇二年，梁啟超在《新民叢報》上發表《保教非所以尊孔論》，公開譴責「保教之說束縛國民思想」，也不符合「法律上信教自由之理」，並指出：「文明之所以進，其原因不一端，而思想自由，其總因也。歐洲之所以有今日，皆由十四五世紀時，古學復興，脫教會之樊籬，一洗思想之奴性，其進步乃沛乎莫之能御」，中國自漢以來，獨尊儒術，學者「各自以為孔教，而排斥他人以為非孔教……思想束縛於一點，不能自開生面」。他還直接批評「舞文賤儒，動以西學緣附中學者，以

三、初試鋒芒

其名為開新，實則保守，煽思想界之奴性而滋益之。我有耳目，我有心思，生今日文明燦爛之世界，羅列中外古今之學術，坐於堂上而判其曲折，可者取之，否者棄之，斯寧非丈夫第一快意耶！」這無疑是一篇宣言書，宣告了梁啟超開始脫離康有為的羈束，獨立地建構自己的學術理論體系。

不過，這並不等於梁啟超對舊學的全盤否定。他雖然對孔子也時有大不敬之辭，但只是不贊成把孔子和儒學定於一尊的宗教化行為，只是為了爭取學術界、思想界得到真正的思想自由。一九〇二年秋，他籌劃創辦《國學報》，主張「養成國民，當以保國粹為主義，取舊學磨洗而光大之」。黃遵憲高度評價了他這一觀點：「至哉斯言，持此足以立國。」但同時對他的保存國粹說，提出了保留意見，因為「中國舊習，病在尊大，病在固蔽，非病在不能保守也。今且大開門戶，容納新學。俟新學盛行，以中國固有之學，互相比較，互相競爭，而舊學之真精神乃愈出，真道理乃益明，屆時而發揮之，彼新學者或棄或取，或招或拒，或調和或並行，固在我不在人也」。同黃遵憲相比較，梁啟超的學術觀點較之他自己的過去，雖有了很大的突破和進步，但在對待舊學的態度上，卻比黃有更深的眷戀和更加複雜的內心衝突，這也給他後來的學術生涯打下了深深的印記。

四、源頭活水

以《新民說》和《新史學》為標誌，梁啟超開始其學問家的生涯，並非出於偶然。他的舊學的功底扎實深厚，而康有為的苦心教育，則給了他一個由舊學通往西學的仲介和道路。但在戊戌變法前，梁啟超對西學的了解還是很淺薄的。與中國同代人相比，他讀的西書不可謂不多。對西學的本質特點和中西學差異，也有十分敏銳的感受，且能學以致用，投身於改革實踐。但若從做學問的角度上看，他的西學知識畢竟有限，尚不能與嚴復、黃遵憲相提並論。他缺乏系統的學習，以及批判消化融合的過程，還處於囫圇吞棗、生吞活剝的階段，缺乏他個人所特有的獨立見解。

到日本後，情形有了根本性的變化。日本自明治維新後，大量譯介西方學術著作，各個時期、各種流派、各個代表人物及其代表作，幾乎是無所不包，無所不有。這與中國不可同日而語。而且，中國的譯書中科普自然科學方面的譯作較多，而西方人文科學、社會科學巨匠們的原著則相對較少。梁到日本後，苦攻日文，以期直接閱讀日譯西方哲學原著。在《論學日本文之有益》一文中，他深有體會地總結了初到日本幾個月的學習情形：「既旅日本數月，肄日本之文，讀日本之書，疇昔所未見之籍，紛觸於目；

疇昔所未窮之理，騰躍於腦。如幽室見日，枯腹得酒，沾沾自喜，而不敢自私。乃大聲疾呼：吾國人之有志於新學者，盍亦學日本文哉！」他在給夫人李蕙仙的信中，也十分興奮地說：「讀日本書所得之益極多極多。」梁啟超當時年富力強，才華橫溢，正是「指點江山，激揚文字，糞土當年萬戶侯」的熱血青年。他讀書涉獵面極廣，而且很有針對性和選擇性，絕非泛泛而讀。從他這時期所寫的大量著作看，他已能夠做到邊讀邊研究，並把其心得寫成論文問諸於世。在史學論著方面，除了前文提到過的篇目外，中國史方面有《趙武靈王傳》、《袁崇煥傳》、《鄭和傳》、《中國殖民八大偉人傳》。外國史方面則有《匈加利愛國者噶蘇士傳》、《義大利建國三傑傳》、《羅蘭夫人傳》、《新英國巨人克林威爾傳》、《波蘭滅亡記》、《斯巴達小志》、《雅典小史》、《朝鮮亡國史略》等。其重點十分鮮明，均與社會政治改革和民族獨立運動有關。

　　更重要的是，梁啟超極其重視對西方社會科學，尤其是啟蒙思想家有關學說的學習，這極大地豐富和提高了他的理論素養。他認真研究了培根、笛卡兒、頡德、達爾文、孟德斯鳩、盧梭、霍布斯、史賓諾沙、邊沁、康德、伯倫知理以至古希臘諸先哲的學說，並分別著有專文介紹。這些介紹不免有粗糙以至訛誤之處，如《論希臘古代學術》一文，雖然簡介了各派在本體論問題上的基本觀點與分歧，但仍然失之於空泛，並未抓住各派的主要特點，也缺乏科學的說明與系統的闡述。這與梁啟超自身在哲學基本問題方面的思考還未能成熟，更未能形成獨立的完整理論體系有關。對培根在科學方法論上的貢獻與重大意義，其理解就更加膚淺。對邊沁的介紹，側重於倫理與政法，實際上邊沁經濟理論學說的成就更為突出，梁啟超卻大大忽略了，說明他自己尚未真正懂得邊沁學說的價值所在。對康德的介紹，走形甚多，康德認為時空是「感性」的先天形式，是構成感性認識的前提所在。而梁啟超並未了解時空範疇在康德哲學體系中的意義，更未理解到時空的有限與無限是康德提出的重大哲學命題。他把康德提出的「自在之物」概念，簡單地領會成佛學中的「真如」和王陽明學說中的「良知」，顯然也很不恰當。因為康德認為「自在之物」不依賴人的意識獨立存在，而「真如」「良知」卻恰恰是人的意識高於一切的產物，儘管三者在追求自由並肯定自由神聖的意義上，有可溝通之處。諸如此類，不一而足。不過，這些失誤，並不代表梁啟超學術研究上的主流。相反，他確實對這些學說狠下了功夫，而且很有心得。他對笛卡兒的不可知論中的辯證精神，作了十分公允而又積極的解釋，認為「古學復興以來，學者視希臘先賢言論，如金科玉律，莫敢出其範圍，此皆束縛思想自由之原因也。

笛卡兒起，謂凡學當以懷疑為首，以一掃前者之舊論，然後別出所見，謂於疑中求

信，其信乃真，此實為數千年學界當頭棒喝，而放一大光明以待來哲也」。同時，梁還高度肯定了笛卡兒提倡學術爭鳴的英明主張：「笛卡兒以為學者苟各各自有其所信之真理，自堅持之，以成一家言。其有相異若不相容者，則對壘相攻擊，往復相辯難，久之而完全之真理，行將出其間乎。何也？智慧雖有高下大小之差，而其本性則相同，而真理之為真理，又純一而無雜者。夫以同一本性之智慧，求純一無雜之真理，苟黽勉從事，安有不殊途同歸者耶。故其始雖或人人異論，而必有相視而笑莫逆於心之一日。但其最要者，日至誠無自欺而已。」梁氏的這番高議宏論，確是深得笛卡兒學說的精髓。如果笛卡兒在天有靈，真應互許知己。

對康德學說，梁啟超也有不少與之默契之處。他抓住了康德的二律背反學說，雖然理解和敘述都不夠明白準確，但能認識到這一點，就足以說明他對康德哲學已有相當深度的感悟。他著力介紹康德對智慧和自由精神的推崇，禮讚這一理論在思想解放，尤其是反對專制愚昧運動的作用，這也深得康氏學說之宗旨。對邊沁學說，梁以「樂利主義泰」一詞冠之，也屬一語中的，確有見地。梁啟超對這些學者和學說的介紹與評析，給中國的思想界、文化界吹去一股強大的颶風，輸入一股新鮮的血流，它警醒了當時人們麻木不仁的冬眠，撥動了人們求新知求進步的心弦。梁啟超的知識累積過程與學術建設工作，同國內維新救亡運動緊密相連，渾然天成，這給了梁啟超無窮的動力：「獻身甘為萬矢的，著論求為百世師。誓起民權移舊俗，更攀哲理創新知。」而他的宣傳活動與學術成就又對這一運動產生巨大影響，使他成為時代驕子、啟蒙鉅子、戊戌思潮的旗手。「太平洋中二十世紀之天地，悲劇喜劇壯劇慘劇齊鞈鞺。吾曹生此豈非福，飽看世界一度兩度今滄桑……海國民族思想高尚以活潑，吾欲我同胞兮御風以翔，吾欲我同胞兮破浪以颺。」歐風東漸，美雨滂沱，梁一支生花妙筆，化成丈八蛇矛。

與戊戌政變前相比，梁啟超對西方文化，尤其是西方學術理論的學習研究，具有很高的自覺性。戊戌變法的悲慘結局，使梁啟超深刻認識到「雖今日變一法，明日寫一人，東塗西抹，學步效顰，吾未見其能濟也」。徒變枝葉不變本原是萬萬不行的，而「民德、民智、民力，實為政治、學術、技藝之大原」。在「大原」中，學術思想又佔有舉足輕重位置：「凡一國之進步，必以學術思想為母，而風俗政治為之子孫也」。梁啟超專寫一文《論學術之勢力左右世界》，從世界史角度，列舉哥白尼、培根、笛卡兒、孟德斯鳩、富蘭克林、盧梭、亞當·史密斯、伯倫知理、達爾文、瓦特、牛頓、邊沁、史賓塞等十數人為例，論證了一門新說對世界發展的重大影響，「出其博學深思之所獨得，審諸今後時勢之應用」，「聳動一世，餉遺後人」，用「諸賢之腦髓、之心

四、源頭活水

血、之口沫、之筆鋒」，創造出「今日光明燦爛如荼如錦之世界」。中國學者自當打破舊習，不再「以學術為世界外遁跡之事業」，而要主動地以它為改造中國現實社會的武器。或者如伏爾泰、福澤諭吉、托爾斯泰那樣：「以其誠懇之氣，清高之思，美妙之文，能運他國文明新思想，移植於本國，以造福其同胞，此其勢力，亦復有偉大而不可思議者」。梁啟超正是抱著這樣的決心和熱情，投身於學術研究和社會啟蒙，並透過自己的努力將二者融為了一體。

他滿懷熱忱，向中國知識界發出號召：「公等皆有左右世界之力，而不用之何也。公等即不能為培根、笛卡兒、達爾文，豈不能為伏爾泰、福澤諭吉、托爾斯泰？即不能左右世界，豈不能左右一國？苟能左右中國者，是所以使中國左右世界也。吁嗟山兮，穆如高兮；吁嗟水兮，浩如長兮。吾聞足音之跫然兮，吾欲溯洄而從之兮，吾欲馨香而祝之兮。」對學術的重視和深入研究，是梁啟超思想深度高於同代學人的重要原因。

同廣大愛國青年學生的密切交往，尤其是同孫中山為首的革命派人士的直接接觸，也是促成梁啟超學術思想發生重大變化的又一主要原因。戊戌政變後，六君子的血並未白流，他們英勇就義的消息畢竟震動了全國，相當一部分青年人轉而求學於新式學堂，甚至出國留洋。一八九六年，留日學生僅十三人。一九〇三年，已達一千三百餘人，增加一百倍。同年，國內新式學堂小學生也達到兩萬餘人。這個數字同歐洲國家相比，讓人笑掉大牙。同日本比，也有如天壤之別。一八九九年，日本小學義務教育在全國已基本實現。但是，同中國戊戌變法前相比，卻不能不承認這是個長足的進步。梁啟超是這些青年學生心目中的英雄偶像，是他們不折不扣的精神領袖和學界班頭。他和他們同聲相應，同氣相求，相互激發，相互砥礪。

湖南時務學堂的二十多位學生，千里迢迢浮槎東渡，重新聚集到其師麾下，在橫濱、東京大同學校就讀。他們和這兩個學校的學生，比其師的思想更加敏銳和激進，個個以丹東、馬拉、羅伯斯比爾、華盛頓自居。他們朝氣蓬勃，熱情澎湃，梁啟超也深受感染。這些學生中後來有不少殉難於自立軍庚子一役，受盡酷刑而氣節不改，這給梁啟超以很深的刺激。血淋淋的現實，使他無法承受舊學術、舊道德封建遺毒的束縛。正是在他的薰陶和引導下，他的眾多學生投入了革命派陣營。他的高足馮自由，在《革命逸史》一書中，生動地描繪了這一過程。馮曾當眾憤慨地指責他的師長們平日高談民主自由，可一聽康有為的指令，就畏若虎狼，噤如寒蟬，不敢再越雷池一步，堅持自己的思想。他為了用實際行動反抗康有為的家長式統治，跑到黑板前大書「馮自由」三字，宣稱將原名馮紫珊改成今名，就是要向「老康」要自由。這種勇氣是多麼可貴。而這，正是梁啟超教育的結果。

梁啟超同眾多旅日學生的交往也非同一般。鄒容、陳天華、黃興、吳玉章、廖仲愷……在日留學的革命派中的健將無不同他過從甚密，立憲派的中堅楊廷棟、雷奮、蒲殿俊、肖湘等人同他的情誼就更加深厚。這些留學生銳意革新，是啟蒙運動的最得力生力軍。他們創辦雜誌社、譯書社，成績卓著。如《譯書彙編》就極受中國國內歡迎，每月銷數在一千份以上，代銷點迅速從五處增至一八處。《浙江潮》、《四川》、《湖北學生界》等雜誌，聲名鵲起。梁啟超尊稱他們為自己「最敬最愛之中國將來之主角」，對他們寄予了無限期望，也從他們身上汲取了力量。

這一時期，梁啟超還與孫中山有過一段不薄的友誼。康梁赴日後，孫中山親自去康寓所，洽談兩派合作事宜。康有為倨不為禮，梁啟超卻頗受感動，主動引見。康有為一八九九年離日後，梁啟超與孫中山來往密切，大有相見恨晚之慨。他曾聯合歐榘甲、韓文舉等「康門十三太保」上書，要求康「息影林泉」，用今日時髦語言說，即安心「退休」，不再干預維新派中「康黨」一系的內部事務，把康有為氣得五內俱焚，七竅生煙，立即對梁嚴加訓飭，並令他離日去檀香山。其後遂因各種原因日漸疏遠，最終竟至水火不容，以紙筆為具，兵戎相見。但從梁啟超曾給孫中山寫過的信看，他還是接受過孫中山思想影響與啟迪的。他向孫中山承認「弟自問前者狹隘之見，不免有之，若盈滿則未有也。至於辦事宗旨，弟數年來，至今未嘗稍變，唯求各國之獨立而已。若其方略，則隨時變通。但可以救我國民者，則傾心助之，初無成心也。與君相見數次，究未能各傾肺腑。今約會晤，甚善甚善。」而與此適成對照的是，他在給康有為的信中，力陳自由與民權的意義：「中國數千年之腐敗，其禍極於今日，推其大原，皆必自奴隸性來，不除此性，中國萬不能立於世界萬國之間。而自由雲者，正使人自知其本性，而不受拑制於人也。……夫不興民權則民智焉可得開哉。其腦質之思想，受數千年古學所束縛，曾不敢有一線之走開，雖盡授以外國之學說，一切普通學皆充入其記性之中，終不過如機器切成之人形，毫無發生之氣象。」「中國於教學之界則守一先生之言，不敢稍有異想；於政治之界則服一王之制不敢稍有異言，此實為滋愚滋弱之最大病源。」梁啟超敢於在政見與學術主張上，與其師歧異並據理力爭，同受革命派的某種陶治不無關係，也為他的政治學理論最終能從「尊君權」走向「興民權」，從君主立憲走向民主共和，奠定了基礎。

這一時期，梁身邊的文化氛圍也相當有利。他有一大批志同道合並能與時代同步的學術朋友，如韓文舉、蔣智由、章太炎、湯覺頓、唐才常、歐榘甲，以及麥孟華、麥仲

華、徐勤等，經常朝夕過從，共研學問。同國內的嚴復、黃遵憲、夏穗卿等人的連繫，也未曾中斷，魚書雁信，往返不絕。其中，黃遵憲對梁啟超的影響，尤為巨大。黃遵憲為人奇行特識，光明磊落，學問才氣都堪稱一流。他對梁充滿了厚愛與厚望，不時殷切叮嚀，愛護備至。他對梁啟超所著的文章，無不精讀，並認真評說，與之交流，使梁大受啟益，就連梁每天的學習計劃，他也認真提出批評和建議，真是梁的良師與諍友。他鼓勵梁啟超：「我公努力努力，本愛國之心，絞愛國之腦，滴愛國之淚，灑愛國之血，掉愛國之舌，舉西東文明大國國權民權之說，輸入於中國，以為新民倡，以為中國光……以公今日之學說，之爭論，布之於世，有所向無前之能，有唯我獨尊之慨，其所以震驚一世，鼓動群倫者，力可謂雄，效可謂速矣。然正以此故，其責任更重，其關係乃更巨，舉一國材智之心思耳目，專注於公，舉足左右，更分輕重。」黃遵憲學術主張與梁基本一致，但他更強調學術建設以啟蒙民眾為急務，這對梁啟超後來的思想發展，有相當的作用：「公之所倡民權自由之說，皆是也……至冒險進取破壞主義，竊以為中國之民，不可無此理想，然未可見諸行事也……公以播此理想，圖報效於國民……此民之幸，即公之功也。」讀萬卷書，行萬里路，學問的增長常常有賴於閱歷的豐富。梁啟超於此得天獨厚。他親眼目睹了明治維新後的日本在各方面的飛速發展，親身感受到了西方文化在日本改革運動和近代化過程所起的作用。此間，梁曾於一八九九年十一月至一九〇〇年七月至檀香山；一九〇〇年八月至一九〇一年四月由新加坡去澳洲；一九〇三年正月到十月，去美洲遊歷，考察了溫哥華、紐約、哈佛、波士頓、華盛頓、芝加哥、舊金山、洛杉磯、波特蘭、西雅圖等二十多個城市，拜會了美國總統羅斯福，並與容閎進行了諸多問題的商討。這些行程和見聞，使他對西方文化的利弊都有了更加深切的了解。

生活環境的相對穩定，也是梁啟超能安心致力於學術研究的原因。一八九五年至一八九八年期間，梁隨其師奔走於京、滬、湘、穗之間，事務繁多，在《時務報》日日作論文，在時務學堂任總教習時，日批學生札記「日恆萬數千言」，難有餘暇讀書。梁啟超經常為此苦惱，在他致康有為的幾封信中，他都提到「弟子自思所學未足，大有入山數年之志，但一切已辦之事，又未能拋撇耳！」「且吾不解學問不成者，其將挾何術以救中國也。即多此數年入山之時日，亦不能作何事乎。今我以數年之功成學，學成以後救無量世界。」到日本後，梁啟超雖然始終未能入山，而且報館、學堂、政治活動事務也不見少，但較戊戌時期在國內而言，自由支配的時間畢竟多了許多。日本政府對中國採取了腳踏三只船政策，清政府、維新派、革命黨三派都拉住關係，以圖將來留下餘地，所以並不以清政府的政策為轉移，對維新派、革命派橫加迫害。相反，倒為這些人提供了必要的安全保證，甚至予以部分經費支持。日本政府檯面上的人物，出於自身的經歷，和對清政府腐敗無能的不滿和鄙夷，對康梁等人及其才幹一直還頗為賞識。伊藤博文稱讚梁啟超「是個非凡的傢伙」、「令人佩服的傢伙」，對他的出逃給予了特別的關注和幫助。大隈重信、犬養毅等日本政界要人，對梁也很器重。梁曾有詩贈他們。給伊藤寫的是：「赫赫皇華記，淒淒去國吟。出匡恩未報，贈縞愛何深。重話艱難業，商量得失林。隻身浮海志，使我憶松陰。別伊藤侯一首。余去年出險之後及今次遠遊之費，皆感侯之賜。侯臨別殷勤有所語，且舉吉田松陰蹈海事及己前者遊學時艱辛之狀以相告。」給犬養毅寫的是：「汩汩口懸河，棱棱目如電。重圍獨往來，六合任舒捲。血淚熱在腔，肝膽瀝相見。咄哉此為誰，毅也字子遠。」正是在這種背景下，梁啟超才能夠「盡瘁國事不得志，斷髮胡服走扶桑。扶桑之居讀書尚友既一載，耳目神氣頗發皇」。除此以外，梁啟超還得力於他的賢內助李蕙仙。戊戌政變時，李夫人於危難中慷慨從容，「奉翁姑攜弱女」，避居澳門，應付自如，「且有壯語」，使梁啟超在日本大減後顧之憂，能較為安心於治學與事業，梁啟超感佩萬分。在梁去檀香山期間，曾有一位精通英語、才貌雙全、性格豪爽的女教師何蕙珍，對梁傾心相許，而風流倜儻的梁啟超，也由敬慕而轉成愛戀，生出一段羅曼史來。但當其夫人欲為之迎娶為如夫人時，梁立即制止，並告之早已「一言決絕」，以妹視之而已。這固有與譚嗣同有約在先，要堅持男女平權、一夫一妻有關，同時也絕不能小看了他與李夫人感情之深。

一八九九年到一九〇三年，是戊戌思潮的頂峰，是戊戌維新派的黃金時期。一九〇三年後，革命民主主義在中國開始興起，並蔚然成風，戊戌思潮開始退居其後，但它的進步意義並未因之而消失。作為戊戌思潮和戊戌維新派的梁啟超，就是在這種總體形勢下，正式開始了自己的學術生涯，這個起點很高，也很光輝。他不僅在史學、政治學方面取得了巨大成就，對社會學、倫理學、財政學、文學、新聞學、教育學等眾多學科的改造建設工作，也已發端。「設有詰於我者，謂公之所志，尚能望政府死灰之復燃乎？抑將坐視國家舟流而不知所屆乎？僕亦無辭可答也。茫茫後路，耿耿寸衷，忍淚吞聲，鬱鬱誰語。而何意公之新民說遂陳於吾前也。罄吾心之所欲言，吾口之所不能言，公盡取而發揮之，公試代僕設身處地，其驚喜為何如也。」黃遵憲對梁啟超的期許，是一代知識分子的心聲。梁啟超也深知自己責任重大：「登高山復有高山，出瀛海更有瀛海，任龍騰虎躍以度此百年兮，所成就其能幾許。雖成少許，不敢自輕。不有少許兮，多許兮自生。但望前途之宏廓而寥遠兮，其孰能無感於餘情。」時艱多舛，任重道遠，等待梁啟超的將是什麼？

四、源頭活水

第三章　艱難的里程

一、憲政哀歌

從一九〇五年至一九一九年，梁啟超在接連不斷的政治漩渦中掙扎徘徊。付出過艱辛的努力，為立憲運動的興起和發展，做出了不可泯滅的貢獻；也犯過嚴重的錯誤，擁護吹捧袁世凱，協同鎮壓「二次革命」，在「第一流人才內閣」中出乖露丑；也有輝煌的業績，與蔡鍔共同策劃組織了護國戰爭，粉碎了袁世凱的帝制夢。在張勳復辟的鬧劇中，立場也十分鮮明，並公開與其師康有為政治上分道揚鑣；對五四運動，也表示了同情和支持。

這一時期的梁啟超，基本上屬於一個政治活動家，他的學術事業受到了很大的干擾和牽制。世人和後人，也因他這一段時期的經歷太複雜、變化太快、功過太難分辨而對他褒貶不一，甚而完全是兩個極端。有人說他能不斷跟上時代步伐，有人說他投機偽善，首鼠兩端。而梁啟超自己，處於「今日之我」與「昨日之我」的交戰之中、學術與政治的衝突之中、黨派政治的紛爭之中，是一生中靈魂最痛苦的時期。

應該承認，終於擺脫了今古文門戶之見，確立了以新學改造舊學宏大目標的梁啟超，政治上遠沒有學術上那麼豁達大度、那麼胸襟開闊。他承繼了康有為愛國救國的熱

一、憲政哀歌

情和遠大抱負，同時也接過了康的個人政治野心和政客特有的宗派意氣。在同革命派的合作過程中，他念念不忘為其師爭權力爭位置。連在自立運動時，他也仍以革命派為敵，暗中為維新派拉勢力爭地盤，缺少精誠合作的誠意。更不應該的是，在他去檀香山期間，他利用孫中山對他的信任，受到華僑們的熱情接待，吃住都在孫眉家中，還為孫科發蒙，關係可謂親密無間，而他卻打著「名則保皇實為革命」的旗號，巧舌如簧，把眾多興中會員發展為保皇會員，大挖孫中山牆腳。這種政客行徑，理所當然招致了革命黨人的非議以至憎惡，加速了他與革命派的決裂進程。

一九〇三年以後，梁啟超的影響開始下降，在青年學生中尤其明顯。義和團運動失敗後，隨著民族危機和清政府腐敗程度的日益加深，已經有越來越多的人把希望轉而寄託於革命，這種社會情緒越來越強烈。恰巧在這時，梁啟超的政治立場和主張，卻從激進的破壞主義變為過去的保守主義。他在眾多愛國青年的心中，也就勢必失去了往日的導師地位，而淪落為一個過時的人物。一九〇五年，維新派和革命派在《新民叢報》和《民報》展開大辯論，梁啟超失去了過去的威風和氣勢，不能再以舌上英雄、筆下風雷的英姿，征服廣大讀者，相反，他被革命派駁得理屈詞窮，幾次掛出免戰牌，要求偃旗息鼓，威信一落千丈。從此，他把主要精力轉入立憲運動的實際活動中，立憲政治，也因之成為他研究的重要內容。

對於立憲政治的研究，早在一九〇〇年，梁啟超就著有《立憲法議》一文，介紹並推崇君主立憲為「政體之最良者」，論證了「今日之世界，實專制立憲兩政體新陳嬗代之時，凡兩種反比例之事物相嬗代，必有爭，爭則舊者必敗而新者必勝，故地球各國，必一切同歸於立憲而後已。此理勢所必至也。以人力而欲與理勢為敵，譬猶以卵擊石，以蜉撼樹，徒見其不知量耳」。中國人只要「苟有愛國心而略知西人富強所由來者，未有不以此事為第一義也」。不過，梁啟超一面認為「今日實行中國立憲之時機已到」，一面又強調立憲「必民智稍開而後能行之」，「最速也須十年或十五年，始可以語於此」。在中國實現立憲政體和立憲政治，是梁啟超一貫的目標，終生不渝的理想，從未變過的初衷。

一九〇五年，梁啟超發表了一篇著名的政論文《開明專制論》。他運用西方國家學說與進化史觀，分析了國家的起源和實質，認為國家源於人類之間的不平等和生存競爭，是一種強制性的社會組織和權力機構，這種權力以某種一定的形式表現出來，就是制度。所以，「有國家然後能制，能制斯謂之國家」。從制度的角度分類，國家可分為「非專制的國家」和「專制的國家」。非專制的國家「一國中人人皆為制者，同時人人皆為被制者」，權利義務基本上相同相等。它可以是「君主貴族人民合體」，也可以是「君主人民合體」，還可以就是「人民」的。專制國家則「一國中有制者有被制者，而制者立於被制者之外為相對的地位者是也」。它也可分為三種具體形式：君主的、貴族的、民主的。梁啟超對民主專制國作了一個解釋，就是當強權人物可以蹂躪憲法時，這個國家即令有民主形式存在，也仍屬專制國家，如克倫威爾與拿破崙為執政官時期。總之，「專制與非專制，一以憲法之有無為斷」。

梁啟超對專制與非專制國家的優劣，作了比較，指出專制國家中的「制者」，「必能任意自伸其權力於無限，制者之權力既能任意伸之於無限，則被制者之地位，隨而不能得確實之保證」，故劣於非專制國家。不過，梁啟超的可貴之處在於，他不是簡單地介紹鼓吹這些新的進步學說，而是能結合中國的實際情況，加以創造性的發揮運用，從而自成體系。他在上述理論基礎上，特別強調了制度的重要性。他首先規定了制度的含義：「權力既現於形式，則但使此形式一日未變更，則其行使此權力，必一日循此形式，循一定之軌道以行。而於此形式外，不復加他種不正當之抑壓於人民，此所謂規定國家之行動者也，必如此乃謂之制。」這裡的制，顯然係指經過立法機關認可、全國國民均須共同遵守的法制，由它保證國家權力執行過程中的規範化和程式化，這已經是近代資產階級的法制意識與觀念的產物，封建專制國家的「朕即國家」的性質，以及「長官意志」式的官僚政治，不可能具備這一特點。因此，梁啟超斷言中國是一個「不完全之專制國」，它既無「規定國家機關之行動」的「制」，又無「實力奉行」這種規定的「用」，「體用兩不備」，連「專制國」都沒有資格稱上。梁啟超還補充說明，非專制國家也可以出現制度不健全的情況，但非專制國家的國民，有權利有能力改變這種狀況，而專制國家裡，有好的制度可以被統治者恣意破壞，對黑暗的制度受壓迫者卻莫之奈何，故而在制度不完全的國家中，非專制國家也仍然優於專制國家。

在這裡，梁啟超為他的政治改革留了個伏筆。他說，「專制國固能發表極不良之形式」，「亦能發表極良之形式」。「在專制的國家，以自然人的一己之利益為標準，則其制必不良；以法人的國家之利益為標準，則其制必良」。以此為依據，他闡述了他的開明專制理論。開明專制之精神，就是「國王者國家公僕之首長」，它「以所專制之客體的利益為標準」。客體又可分為兩類，一類「偏重於國家之利益」，一類「偏重於人民之利益」。「世界上一制度之興，必有學說焉以為之先河。」梁啟超從中國舊學和西學哲學中，為開明專制論探本溯源，尋求理論依據。他認為，法家是第一類開明專制說的始祖，儒家、墨家的民本主義，則代表了開明專制說的第二種傾向。在外國，義大利

一、憲政哀歌

的馬基維利、法國的波丹、英國的霍布斯，為開明專制論的始作俑者；而主張民約論的盧梭、三權分立論的孟德斯鳩和提出最大邊際效用理論的邊沁，則是開明專制論的批判者。前者主張主權在君，後者要求主權在民。兩者之間的過渡人物是德國的沃爾夫和英國的洛克。在考證開明專制論源流，並加以比較分析之後，梁啟超認為：「自今以往，吾信純粹的開明專制論，將絕跡於學界。」但以國家進步為目的變相的開明專制，則「其發達正未有艾耳」。考察了該學說的哲學淵源後，梁又繼續研究這一學說在歷史上的運用情況。「抑一學說之起，恆應起於其時代之所需。」研究的結果是，開明專制在「國家民智幼稚之時」、「國家貴族橫恣之時」、「國家外競劇烈之時」，最為有力。更具體一點，就時代而言，「一國初成立時」、「貴族橫恣階級軋轢時」、「國家久經不完全專制時（也即久無法制時）」、「國家久經野蠻專制時」、「國家新經破壞後」，都最宜採用開明專制。從國家而言，則「民智幼稚之國」、「幅員太大之國」、「種族繁多之國」，也都最宜實行開明專制。

開明專制所應採取的最佳形式又是什麼？梁啟超也作了回答：實行孟德斯鳩的三權分立制度。梁認為這一制度對於消滅專制政治，起了最大也最實在的作用。它是近代各國製定憲法的根本精神所在，「不唯不許一人總攬大權，並不許一機關總攬大權」，「所反抗者，不徒君主專制而已，凡一切專制，皆反抗之」。缺少這種法制精神與表現形式的，即使是非專制國也是不完全的。而且，根據梁的所見所聞，民主制度在不少國家，也只是徒具形式，而並非事實，仍屬一種變相的開明專制。而開明專制，究其實質是「立憲之過渡」、「立憲之預備」，是對國民將來運用制憲能力程度的鍛鍊和檢驗。

顯然，梁啟超苦心孤詣提出的開明專制論，是為了在當時中國現行制度下，推行政治變革的一種理論和手段。這個理論，在保存光緒帝地位前提下，透過建立和完善資本主義的政治制度，部分改變清政權的封建專制性質，為提高國民的文化素養，增加其法制意識和自治能力，作一些努力和準備，雖然屬於一種改革或改良的行為，但不能否認它是有積極意義的。當然，它是梁啟超同封建政權妥協的產物，也是他同其師康有為保皇立場妥協的結果。

梁啟超提出開明專制論，當然反對革命。他說：「中國今日，固號稱專制君主國也，於此而欲易以共和立憲制，則必先以革命。然革命決非能得共和而反以得專制。」所以，中國今日不但不能行共和，而且是「萬不能行共和立憲」。

梁啟超的理由源於兩方面。其一是德國波侖哈克的理論。這一理論的核心就是對於民智低下的專制國家，革命的結果只會造成徒具共和形式的民主專制國，從而導致君權在實質上的復活，和廣大民眾奴化思想的進一步加深。這是因為：

一、共和政體的建立與健康發展，有賴於人民的自治能力。而「數百年卵翼於專制政體之人民，既乏自治之習慣，又不識團體之公益，唯知恃各人主義以各營其私，其在此等之國，破此權衡也最易，既破之後，而欲人民以自力調和平復之，必不可得之數也。其究極也，社會險象，層見疊出，民無寧歲，終不得不舉其政治上之自由，更委諸一人之手，而自帖耳復為其奴隸。此則民主專制政體之所由生也」。也就是說，在民智低下，民眾自治自理能力缺乏鍛鍊的國家，共和會成為一紙空文，仍由強權人物行君主之實，民眾則俯首帖耳甘為奴隸。

二、「凡因習慣而得共和政體者常安，因革命而得共和政體者常危。」因為「承此大暴動之後，以激烈之黨爭，四分五裂之人民，而欲使之保持社會勢力之平衡，又必不可得之數也」。於是，「階級之爭奪，遂相互迭起而靡有窮」，而社會也「紛亂疲敝之已極」，「君權思想之復活，實剝復之道所必至也」。而鐵腕人物則會乘機而起，借民主之名，行專制之實。人民經此劫難，對「不惜舉其血淚易得之自由」，已厭如腐鼠，畏如蛇蠍。

三、革命之主力，「大率屬於無資產之下等社會，其所舉措，往往不利於上流。作始猶簡，將畢乃鉅。其力既無所限制，自必日走於極端，而遂取滅亡」。在這種背景下，「其得最後勝利者，則彼從夢中驚起之富豪階級也」。但這一階級得其政權後，目的還在「然復自營其生計，不惜出無量之代價以購求平和」，必然尋求鐵腕人物作其政權代理人，造成君主制的復活。「於是乎民主專制政體，應運而生」。

四、這種民主專制國，革命果實的篡奪者無論其名分如何，實質就是新的君主。其屬下的議院，「伴食之議院，其議院之自由，則貓口之鼠之自由」。而且，新君主於國民的應負責任，只是一具空文，破壞憲法，倒是權力無限，往往還是「求續世襲」的終身制、家族世襲制。「此專制民主猶在，而欲與彼立憲君主政體之國民，與純粹共和政體之國民，享同等自由之幸福，勢固不能」。

波侖哈克的學說，從國民開化程度，尤其國民自治能力與革命後的社會走向、階級狀況、社會秩序和民眾心理等幾個方面，分析了長期處於專制統治的國家，在革命後將會遇到的一系列重大問題，梁啟超受其影響甚鉅，擇其要點一一簡介，成為其開明專制論的學術淵源。不僅如此，他還結合中國的實際情況加以發揮，以證明只有實行開明專制才是今日中國的最佳政治選擇。

一、梁啟超認為中國民智低下，缺少「可以行議院政治之能力」，缺少地方自治的實踐，因而缺少為「共和國民之資格」。實行立憲共和的民主國家，立國的保證在民權意識的覺醒和高漲，而中國國民離此甚遠。雖然中國國民本能上具有此資格，將來也能具有此資格，但目前並不具備。如此，則無論共和立憲政體如何之良美，建立這種政體的形勢並未到來，時機並不成熟。革命建立起來的，只會是實行戒嚴令政治的軍政府。而這種「戒嚴令政治」，最束縛人民自由，而足使人民自治力萎縮憔悴。

二、梁啟超對當時的中國，能否出一「有此優美高尚之人格，汲汲於民事乎」，而不借革命行劉邦、朱元璋之帝業的政治領袖，持懷疑態度。對其周圍的「革命者」組成的軍政府，能否還權予民，而不是自以為是賜權予民，於民「有殊恩」，而隨時可把人民權利盡行收回，隨時破壞約法憲政，更是持否定態度。梁說：「持革命論者，如其假共和立憲之美名以為護符，毋寧簡易直捷以號於眾曰，吾欲為劉邦，吾欲為朱元璋。則吾猶壯其志而服其膽，而嘉其主義之可以一貫也，而必曰共和焉共和焉，苟非欺人，必其未嘗學問者也。」這段話可謂尖刻之至。但摒棄對革命黨人的偏見因素後，他對革命領導者自身素養及其可能帶來的後果這一問題的思考，無疑是有深度、有價值的。

三、根據中國歷史慣例，梁認為革命爆發後，很難有一可以統掌全國行動的軍政府，這會造成各地軍政府蜂起，以至動亂頻仍，而各地軍政府領導者又良莠不齊，很難實行真正的共和立憲制度。即令統一於中央軍政府，「首難以後，能毋於共事乎」，也成問題。「中國數千年革命家，孰非如是？而敗者自敗，成者自成矣」。軍政府要想保證主權在民，則「非人人皆有道德責任心不可，而革命黨員能好此耶？是吾之所疑也」。這一論點是前一論點的深入發揮，從領導集團素養廣泛論及到整個革命者隊伍的素養。

四、由於民眾缺乏實行議會政治的能力，因而革命後不是軍政府專政，就是議會民主旗幟掩蓋下的大臣專政、政客專政、行政首腦的獨裁專政。這種情況，只能造成腐敗政治，並加劇政黨之間的權力傾軋，在小政黨眾多的落後國家尤其如此。

五、「社會之進步，恆在和平時代，此征諸中外歷史而可信者也。」尤其是經濟發展，法制的建設乃至人權的保障，都以和平為前提。革命必生戰亂，戰亂可以得良果，也可能得惡果。而且，縱使「進步之機，雖或與戰亂同時發生，而進步之效，必在戰亂經過後良久良久乃可見」。從這一角度出發，梁啟超也認為，漸進式的改革改良，較之暴力革命，對社會的進步更有保障。

六、梁啟超堅決反對將政治革命、社會革命與種族革命三者並行，「畢其功於一役」。他認為革命黨的民生主義，是拾普魯東、聖西門等人的「架空理想之唾餘，欲奪富人所有以均貧民」，對土地國有，梁啟超尤為反感，指斥為其「奪人之田」，鼓動無賴痞子之流，「利用新政府之主義，而屠上流社會之族，瀦上流社會之室」，必然「病全國經濟」「危及政體之基礎」。至於種族革命，則只會造成內部鬩牆，漁人得利，把政治革命的目標反而放置於旁了。

七、綜上原因，梁啟超認為革命只會引起無休止的社會動亂，「最初握權者為無資產之下等社會，而此後反動復反動……其最後能出一偉大之專制民主矣，人民雖不得自由，而秩序猶可以恢復，國猶可以不亡。若無其人矣，則國遂永墜九淵矣。即有其人焉，或出現稍遲，而外力已侵入而幡其中央，無復容其出現之餘地，則國亦以劫不可復矣！」梁啟超的上述理論，與其說是針對共和立憲政體及其制度，不如說是針對革命而發。這一時期的梁啟超，不但從一九〇二年謳歌破壞主義、謳歌共和立憲，退而持反對立場，就連對君主立憲，也唱起了反調，宣稱「君主立憲固吾黨所標政綱，蘄必得之而後已者，然謂其今日尚未能行」。他的理由有二：一、人民程度未及格，不能勝任議會政治，以正常手段行使和維護自己的正當權利；二、施政機關未整備，無論法制建設及其相應機構，都離實行立憲政治有相當差距，且非一日之功可以成就，「最速猶非十年乃至十五年不能致也」。最後，一言以蔽之，當時的中國只能實行開明專制。

《開明專制論》，長期以來都被作為梁啟超反動立場的大暴露、反動理論的代表作，備受鞭笞。說他是資產階級改良派的主帥，是大資產階級的政治代表，而且是大地主利益的維護者，仇視人民，狂熱地維護清王朝封建統治，是革命道路的絆腳石。從當年的革命派，一直到今天的史學界，確實從各個方面，把這篇文章所論證的主要觀點，批了個痛快淋漓，罵了個狗血噴頭。近年來，不少人下了很大功夫，力求以客觀的、歷史的態度去重新評價梁的憲政思想，比較公允地肯定了這種思想的進步作用與意義。但對開明專制理論，不說是噤若寒蟬不置一詞，至少是絕不敢犯公開恭維之大不韙。

開明專制論確實反映了梁啟超在政治上的某些保守性乃至反動性的一面。他蔑視甚而鄙視廣大下層民眾，斷言起而革命的大都是「遊蕩無賴子乃至乞丐罪囚之類」，時時擔心他們侵犯了上等社會的利益。這暴露了他維護資產階級既得利益的立場，包括封建貴族在他身上殘留的遺毒。這使他對近代民主革命的先行者，充滿了偏見。事實上，早期的同盟會，集中了中國知識分子中的相當一批最優秀人物，如孫中山、黃興、趙聲、鄒容、陳天華、廖仲愷、朱執信、吳玉章、秋瑾等等，數不勝數，史不乏書。他們為了中國的復興和進步，為了中華民族的利益，英勇鬥爭，其精神其業績可歌可泣，為中國近代史寫下了光輝的一頁。而且，有趣的是，他們中的許多人，恰恰是從上等社會沖決網羅出來的叛逆者，而絕非什麼「撈世界」的痞子之流。梁啟超的這種攻擊，不符合歷史事實，也有悖於歷史進步的潮流。

其次，梁啟超對民主主義，尤其是土地國有、平均地權政策的攻擊，說明了他對中國變革的關鍵是解決農村問題和農民問題的無知，說明了梁啟超作為一個地主經濟維護者的狹隘胸襟。梁啟超認為，「蓋經濟之最大動機，實起於人類之利己心……今一旦剝奪個人之土地所有權，是即將其財產所有權最重要之部分而剝奪之，而人勤勉殖富之動機，將減去泰半」。而在別的生產資料都實行私有制的情況下，土地國有也只能是個「烏托邦」。梁啟超還斷言，由於中國土地買賣早就存在，土地所有權變動頻繁，因而土地並不集中，土地問題也不嚴重。這是對歷史的歪曲。中國土地經營方式分散，並不等於中國土地兼併之風不激烈，甚而不存在。中國以小農經濟為主，農民以自耕農、半自耕農和中農為主，但恰恰是這種經濟形態，造成農民不斷地向兩極分化，造成土地不斷向少數大地主手中集中。「耕者有其田」，是中國農民千百年來的最高理想。不實行這一政策，就無法激發農民的生產積極性和政治積極性，就不能從根本上挖掉封建專制賴以生存的基礎，也無法提供提高全國民眾，尤其是農民的政治文化素養的經濟保證和社會條件。在這一點上，革命派抓住了中國建設資本主義經濟的根本問題，梁啟超是個時代的落伍者。而他還要痛心疾首地宣稱：「雖以匕首揕吾胸，吾猶必大聲疾呼曰：敢有言以社會革命（即土地國有），與他種革命同時並行者，其人即黃帝之逆子，中國之罪人，雖與四萬萬人共誅之可也。」這真是可笑而又可悲。

梁啟超對革命的排斥，對革命派的仇視，還同兩派之間的門戶之見、宗派之爭有關。早在一九〇〇年兩黨合作共謀自立軍勤王起事時，梁就已追隨康有為，暗中與革命派爭地盤。到一九〇五年後，兩派形如水火，梁啟超竟視革命黨為「腹心大患」，還大放厥詞：「今者我黨與政府死戰，猶是第二義；與革黨死戰，乃是第一義。有彼則無我，有我則無彼。」真是主次顛倒，敵我不分，百年之後，也當令其親者痛仇者快。

不過，不管梁啟超的開明專制論有多大的階級局限性與時代局限性，有多少理論謬誤與不足，我們仍然不能也不應全盤否定。相反，如果我們尊重歷史，尊重當時中國的客觀現實，我們就會心平氣和地承認開明專制論在當時的學術價值，承認這一理論中包含著不少至今仍可借鑑的合理因素，值得我們去認真研究。

首先，開明專制論並非梁啟超個人憑空的杜撰，而是在總結英法德日資產階級革命史正反兩方面歷史教訓的基礎上，對拿破崙執政和日本明治維新後的政府模式的理論總結。這兩個政府的特點都是結束了封建君主和貴族的專制統治，而建立起的由鐵腕人物操縱的資產階級國家的獨裁政權。它們壓制社會民主，鎮壓人民革命，實行高度統一的中央集權，但卻利用這個政權的力量來建立資產階級法制，發展資本主義的經濟和文化，以漸進的手段完成封建國家向資本主義國家的過渡和質變。對於那些既想變革舊的社會秩序與政治體制，又要維護社會的和平穩定的改良主義者，這不失為最可行的政體形式與變革手段。由此可見，開明專制論其實是近代中國資產階級政治學的一個有機組成部分，是梁啟超國家學說的又一發展。

其次，在革命危機並未到來、革命也尚未能實行之時，開明專制論有它的進步意義和現實作用。開明專制比純粹的封建君主專制優越，這是不言而喻的道理。而且，開明專制只是一種過渡形式，是從君主專制或軍政府專制，過渡到君主立憲甚而共和立憲的一座橋梁。透過法制的變革和建設，逐步改變封建政權的固有性質，從部分質變達到完全質變，不失為一種質變方式。事實上，孫中山後來提出的訓政，韓國的朴正熙政權，也都屬於這種性質。這種政體和理論，是封建國家實行由上而下的漸進性改革的一個仲介、一個階段。在近現代社會，知識分子是科學文化的代表，是知識的人格化，而梁啟超的開明專制，重點是保障民權，鍛鍊提高民眾的文化素養、自治能力與法治意識，較之前者的主張，不知高明出多少倍。梁啟超清楚地知道，開明專制可以循此進步為立憲政治，也可以倒退回君主專制，因人、因時、因勢產生出不同的結果，而且從積極的態度入手，要不斷用資本主義的制度，來限制專制者的權力，並使之程式化。

對於東方國家，由於封建專制時間長，歷史包袱重，近現代化起步又較遲，開明專制論尤有市場。封建統治階級政治經驗豐富，勢力強大，根柢深厚，民族資產階級缺乏足夠的實力和自信去與之對抗。而且，中華民族資產階級同西方資產階級不同。英法資產階級革命時，無套褲黨人是第三等級的同盟，是革命的先鋒，他們之間的公開衝突在資產階級奪取政權之後。東方的民族資產階級則不然，他們在反封建的戰鬥中，就往往已喪失了同無產階級結盟的胸懷和氣度。他們害怕社會秩序的破壞，會妨礙了他們的經濟發展，更怕

一、憲政哀歌

引起新的革命或者外力干涉，導致劇烈的社會動亂，最終失去一個雞蛋的家當。他們想走平和的、對資本主義發展阻力較小、風險較小的道路。梁啟超就是他們的理論家。

然而，我們不能因此而斷定這個理論就是反動。梁啟超放棄的是革命，是破壞主義，他沒有放棄對資產階級理想王國的追求，沒有放棄立憲政治這一終極目標。他和革命派的分歧，不是宗旨、方向性的本質衝突，而是具體手段和策略上的區別。就連他的土地政策，將國家公有土地以一定價格賣給私人，承認並鼓勵發展私有，其實也是為了造成自由經濟的汪洋大海，使資本主義的競爭能夠儘快發展起來。革命、改革、改良，都是社會進步，尤其是政治革命中經常採取的不同手段而已，不能離開具體歷史條件為其定尊下高低，只能看什麼國家、什麼場合、什麼形勢下，哪一種方法最合適、最有利。梁啟超和革命派，都把二者絕對對立起來了，這是他們在認識上所犯的共同錯誤。明治維新是改革，但在鳥羽伏見關鍵一役中，維新派動用了暴力；辛亥革命是一場武裝起義，但維新派在各地的群起響應，不能不說是其成功的又一主要原因。梁啟超和革命派本屬同一陣營，卻互相視為仇敵，把真正的共同敵人清政府放到一邊，這表現了中國資產階級政治上的幼稚和學術上的淺薄，也表現出近代中國知識分子的一個根本弱點，囿於政爭而陷於宗派泥淖中不能自拔。

正是這種各執一端的片面，妨礙了我們去探討和汲取開明專制論中的積極因素。梁啟超對革命者乃至其領導素養的分析，並非無中生有的恫人之語，而是值得革命者深省的嚴重問題。不要說革命派中難免魚龍混雜、泥沙俱下，混進一些甚而一批投機分子、野心家，就連本來很單純的熱血青年，如果一旦把對革命作出過的貢獻，當成向民眾和社會索取的資本，就也會蛻變成被歷史淘汰的人物。早年留日學生秦毓鎏，是一個敢作敢為、十分可愛的愛國者，馮自由著的《革命逸史》中，有不少他的故事。然而，辛亥革命成功後，還是這個秦毓鎏，到南京臨時政府找祕書長吳玉章，要個官做，已完全失去了當年的風采，令吳玉章感到可憎可厭。至於汪精衛之流，就更是為人共知的典型了。革命派的腐敗，必然會導致革命政權的腐敗。這種腐敗，同權力的漫無限制有關，也與革命者自身的文化素養、人格修養有關。

同樣，民眾的教育也是嚴重的現實問題。革命本身就是對民眾的最大教育。在這種非常時期，群眾的創造力和主動性會空前迸發出來，這已為古今中外的歷史證明。但另一方面，革命所變更的，往往是淺層的政治性觀念，至於人權、民主、法制意識的覺醒，確實需要一個長期的過程，需要先進的人們為之付出艱苦不懈的持久努力。不能期望一次革命就能將這一問題徹底解決，更不能相信民眾能離開文化的教育自發產生新的

一、憲政哀歌

社會觀念。魯迅筆下的阿Q，是個再生動不過的例子。他對辛亥革命的理解是去小偷小摸發點洋財，而由趙太爺之流把持的革命當局，回敬他的是槍斃，等阿Q覺悟到喊「救命」時，卻已身在刑場不由自己了。阿Q式的革命覺悟，滋生了民主專制政體的溫床，也為開明專制提供了理由。

至於梁啟超憂心忡忡所警告的復仇主義，也很發人深思。梁啟超的這一警告也未必多餘。

當然，自一九〇〇年後，中國形勢逐步走向革命化。在這種背景下，梁啟超反對革命民主主義的宣傳，而受到革命派的批判，是十分正常也很正當的事情。這只能說明梁啟超民權意識的不徹底。在民權中，他最尊重、最維護的是紳權。但開明專制論作為梁啟超的一種學術理論，不能完全同政治宣傳等同一體，混為一談。對它政治上的批評批判，應與對它的學理研究分開，而不應等同一體，混為一談。一九〇五年以後，梁啟超的聲名的確減弱不少，但並非已經一落千丈，窮途末路。一九〇六年上海四馬路新民叢報支店的一則廣告，就從一個側面印證了維新派在啟蒙運動中，仍然很有影響：「本報開辦數載，久為士大夫所稱許，故銷售至一萬四千餘份，現第四年第一期報已到，訂閱者爭先恐後，此誠民智進步之徵也。」當然，我們不能也無法要求處於抗爭漩渦之中的革命黨人，冷靜理性地看待梁啟超及其維新派。但作為今人，尤其是今日的學者，無論如何，應該有這樣的科學態度和精神。

此外，還須注意到的一點是，梁啟超在闡發宣傳開明專制理論的同時，正在做著促使清政府中顯貴人物去爭取憲政的工作，這就更加證明了他的開明專制說是一種過渡形式，是一種改革的策略。就在一九〇五年秋冬間，梁啟超與端方等人書信往返頻繁，並代他們起草憲政考察、奏請清廷定國是、準予立憲等奏章，「凡二十萬言內外……此事不知能小有影響否？望如雲霓也」。由此可見，他所嚮往的，是資產階級的立憲政治。

一九〇六年，清政府宣布預備立憲。同年，更定官制，然而換湯不換藥，比梁的開明專制還要不開明。一九〇七年，清廷復派重臣出使美、德、日考察。一九〇八年，公佈憲法大綱、資政院院章，各省諮議局選舉章程。一九〇九年，各省諮議局開會。一九一〇年，資政院開院。一九一一年五月，清政府的皇族內閣發表，清廷圖窮匕首見，人們看清了原來這只是一場偽立憲的丑劇而已。

但維新派卻是藉此時機，發起了一場立憲運動與地方自治運動，並組織了三次國會請願的高潮，這是戊戌維新運動的延續和深入發展。作為立憲派的靈魂和精神領袖，梁啟超盡心盡力投入進去。他和蔣智由等人一起，於一九〇七年夏發表了《政聞社宣

一、憲政哀歌

言》，同年十月成立了政聞社。政聞社的四條政綱是：「一曰實行國會制度，建設責任政府；二曰釐定法律，鞏固司法權之獨立；三曰確立地方自治，正中央、地方之權限；四曰慎重外交，保持對等之權利。」四條政綱明白無誤地說明了梁啟超等人的責任政府是以西方國家為藍圖。他們雖然強調「政聞社所執之方法，常以秩序的行動，為正當的要求」，保證不會採取革命手段，但他們公然聲稱自己「儼然為一政治團體，則亦政黨之椎輪也」，並向清政府要求「集會結社之自由」等國民公權，不啻宣稱了它是一個地道地道的資產階級的政治宣言。之所以要打著清政府的立憲牌子，只是借它做幌子，減少減輕立憲過程中的實際阻力。

從一九〇六年至一九一一年，梁啟超撰寫了大量憲政論文，僅一九一〇年，就有二十二篇之多。《中國國會制度私議》、《為國會期限問題敬告國人》、《論請願國會當與請願政府並行》、《國會與義務》、《憲政淺說》等文，均產生過較大影響。他廣泛而通俗地介紹了憲政有關知識，並發展了憲政與民權關係的理論，指出立憲政治是民權政治，立憲必須以保證民權、限制君權為基礎，否則憲法仍是一紙空文。在實際生活中，梁啟超為立憲運動奔走呼號，出謀劃策，不遺餘力，忙得馬不停蹄。

對梁啟超，清政府比革命派看得透，比梁啟超自己也看得透。梁啟超骨子裡不愛大清，日日思謀如何「與政府死戰」。他只是懼怕革命給中國帶來動亂以至戰亂，所以才走改革或改良之路，保大清以保中國。可他的目標最終是要改變清王朝性質，清政府知道得頗為清楚。清政府下諭查禁政聞社，大肆拘捕政聞社社員，「遇有此項社夥，即行嚴拿懲辦，勿稍疏縱，致釀巨患」。面對如此之昏庸愚頑之政府，梁啟超也不由「感憤既極」，日益懷疑其宣統五年將不復存在，以至「無日不與政府宣戰」。一九一一年，他發表《新中國建設問題》一文，承認「今後新中國之當採用共和政體」，並具體分析了世界上共和政體的幾種形式，主張中國採用虛君共和體制。辛亥革命後，他堅定地站到了民主共和政體的一邊。在反對袁世凱復辟帝制和張勳圖謀復辟清王室抗爭中，都做出了突出的貢獻。在他所寫的《異哉所謂國體問題者》文中，大聲疾呼共和國體萬不可變更，且「原稿比後所發表者較為激烈，中一段痛斥帝制之非，並雲由此行之，就令全國四萬萬人中三萬萬九千九百九十九萬九千九百九十九人皆贊成，而梁某一人斷不能贊成也」。此文雖也有不少糊塗觀念和錯誤觀點，但其主要精神在維護共和，這是不容置疑的。蔡鍔在該文序中贊其「居虎口中直道危言」，並不為過。從近代政治學角度而言，梁啟超這一時期雖未有什麼創新，但已達到了他自己在這一學科上的最高峰。

二、理財曇花夢

梁啟超是建立中國近代財政學的開山鼻祖。戊戌變法時期，他對經濟問題已經萌發了一定的興趣。他曾於一八九六年寫過一篇文章《說橙》，以新會縣種橙為例，說明種植經濟作物的效益，並具體地講述了如何以種橙為中心，進行綜合經營，文中數據十分精細。短短幾百字，卻顯示了他的經濟頭腦和善於運用數字說明問題的才能。東渡日本後，隨著閱歷的豐富和對近代資本主義發展史的了解，他對經濟乃立國之本有了深刻印象：「國家之榮悴消長，唯於國民生計競爭之勝敗決之。」國家要富強，就必須不斷擴大再生產，其要素則在利用資本與勞力殖產興業。總之，「國之興衰，一視其總資本總勞力之有所復無所復而已」。但是，要想做到這點，就必須具備兩個條件，一是使生利之人多於分利之人，一是使國家的財政支出少於財政收入。從那時起，梁啟超就頗為自覺地從事經濟學，尤其是財政學的研究。

在經濟學方面，梁啟超認真探討和總結了西方從希臘一直到亞當．史密斯的主要學派，並在自認「非專門名家，莫能測其涯矣。淺學如余，安能語此」的情況下，毅然擔當起介紹和宣傳經濟學的重任，並因此深刻地認識到了「今日則全世界赴於開明之時」，「凡立國於天地者，無不以增殖國富為第一要務，而日演無形之競爭以鬥於市場」。而中國現在的種種危象，都因「憔悴於生計則然耳」。反過來，西方國家近百年興盛的原因雖多，「而生計學理之發明，亦其最要之一端也。自今以往，茲學左右世界之力，將日益大。國之興亡，種之存滅，胥視此焉」，「而我中國人非唯不知研此學理，且並不知有此學理」。他進而指出，國家安危不僅在「艨艟之迫於海疆，版圖之改隸他族」，而且更在世界市場上的競爭勝敗。經濟上的無形之瓜分，比領土的有形瓜分還要更加可怕。所以生計學之進步，直接關係「國計之進步」，不可不高度關注。

梁啟超批判了儒家的重義輕利說。他認為「義之與利，道之與功，本一物而二名……庸詎知一人之不利，馴至為一國之不利，一種之不利，並四萬萬人，而將素諸枯魚之肆耶」。他尖刻地抨擊了這種理論「不明事理，不知利字之界說」，卻浸淫全國，「一人如是，人人如是，嗚呼，中國國力之銷沉，皆坐是而已……以如此國，以如此民，而渾渾焉當物競天擇優勝劣敗之終，吾又安知其所終極也」！梁啟超理直氣壯地揭起利字大旗，更新傳統觀念與陋習，為發展資本主義經濟掃清障礙，勇哉！壯哉！

站在資產階級立場上，梁啟超鼓吹私有制與利己心。私有制「為現社會一切文明之源泉」，而利己心則並非「可惡可賤者」，相反，「雖謀私利而稍有限制，不妄害其他

二、理財曇花夢

者」，以及「由利己而利他者」的兩種利己心，「實人類生存不可缺之具」。至於那種「無限純全之利己心」，只知謀一己私利毫不顧及他人者，「則非人而禽獸也」。在此基礎上，梁啟超還論證了權利思想，號召人人皆應有權利思想，人人皆應捍衛自己的權利，人人皆應要求權利平等。這些言論，對破除舊道德規範對人們的束縛，引導人們去爭利生利興利，在當時都是很有鼓動力的。

梁啟超對經濟學缺乏系統的研究，未能形成一個獨立的、完整的體系，但有不少閃光的火花。在分析經濟與政治的關係時，他強調中國的官僚體制腐敗，社會長期動亂，賦稅苛重，關卡林立，受帝國主義壓迫，幣制混亂，嚴重阻礙了生產發展。在經濟方針上，他提倡必須科技興農，講農政，辦農學，研究普及農業科技知識，改變農業內部以糧為綱的結構，因地制宜發展經濟作物，在工業方面，則當以「實業交通二政為富國之本」。交通為經濟發展的先行官，發展交通才可打破人們的陳腐觀念，了解外面的新世界。實業的發展，要努力解決資本匱乏和人才培養與使用的問題。而且，由於「我國產業幼稚，故宜采保護主義」，對棉、絲、茶、糖、鐵等原料加工性質的生產部門，尤需如此。

梁啟超認為社會生利有兩途，「一日體力，二日心力。心力復細別為二，一日智力，二日德力」。體力為農工等「直接以生利者」，心力為對社會有益的商人、科學

家、發明家、教育家、政治家等「間接以生利者」。在分利者中，他痛斥了中國的官吏，列舉其種種腐敗行為，「民有災而不能恤也，民有枉而不能申也，餓殍遍道而不能救也，群盜滿山而不能監也」，對內「割胸肋剝脂膏以為償」，對外「壓同胞媚仇讎以自固」。「不能捍民之患，則固已害矣，況以官吏之故，而民患益深且劇焉。是他種之分利分其一，而此輩分利分其二也」。「故中國之官吏，實分利之罪魁，而他種之分利大率由彼輩而生者」。他還無情地鞭笞了「四體不勤，五穀不分，偷懦憚事，無廉恥而嗜飲食」的舊式讀書人，潦倒者為無用腐儒，騰達者為無賴鄉紳，這種人越多，「國日愚」「俗日偷」，「實一種寄生蟲，在民為蠹，在國為奸」。他把中國的教育制度同西方教育制度作了比較，指出西方教育旨在培養各種學術人才與實用人才，中國教育則製造只會八股八韻，實則不學無術的「公蠹」，於社會經濟害莫大焉。

梁啟超還敏感地注意到了管理與生產工具，對經濟發展的影響。「工人製造各種無益有害之物者」，「分工不細，成物遲鈍」，「器械不具，趨事拙久」，可使生利的勞動者，成為沒有經濟效益的分利者。此外，他十分公正地指出：「大抵分利之人，多出於上等社會中等社會，而下等社會之人殆稀。蓋唯挾持強權者，乃得取他人所生之利而坐分之。」當然，梁啟超的經濟理論中，也有很多幼稚的、謬誤的東西。他以西方國家的農業收入頗豐，否定西方國家以工商立國的觀點，就十分膚淺，說明他不了解西方農業已經過社會化大生產的改造，已經資本化、企業化、規模化，同中國小農經濟不可同日而語，根本不屬於同一概念。他對商業的作用也不甚了了，認為經營「文人墨客一切特別精緻之物」「脂粉首飾及一切婦女治容之物」，均屬對社會有害的分利之業，其罪在「用此物者……苟無人焉從而流通之，則其業不禁自絕」，而這是根本不可能的事情，也不符合現代文化發展的潮流。

梁啟超非常注重財政學的研究和建設。因為「財政設施之得失，其利害之及於國民生計者，如影之斯隨」。財政是國家的主要命脈，政府大小官吏，都應對財政學原則，有基本的了解，普通國民，也「宜極求財政常識」。財政管理的基本原則是「以民財治民事」，讓國民都知道「吾所出者知其所用在何處」。梁啟超研究財政學的特點是主張治本與治標並行，治本方面「則在將貨幣政策、銀行政策、公債政策、租稅政策治為一爐」。治標政策則在開源節流，獎勵公債，整頓吏治，裁減軍費，緊縮行政支出。

由於「我國資本缺乏……宜採開放主義」，故而梁啟超非常重視引資與集資問題。集資的主要手段，在舉辦和利用公債。這樣做有兩個好處，一是吸收社會游資，集中投資於國計民生有重大效益的產業，解決資本匱乏問題；二是減輕租稅負擔，確保國家稅源。梁啟超還根據西方國家的有關經驗，提出了發行公債的具體辦法：公債必須用於重大的、急需的確有效益的國家項目；公債必須低價廉息，並在一定期限內本利還清；公債必須作為有價證券，準予買賣流通。再有，公債發行應以政府的財政信用為後盾，而不可向工商業者強行攤派。這些措施，至今尚有積極的借鑑意義。

吸收外資，舉借外債，是梁啟超財政改革的中心理論之一。他從經濟學原理、西方國家歷史經驗、中國實際狀況三個方面，分析了舉借外債的得失利弊，並有數篇專文評述。他認為：由於中國資本不足，故在外債上應持開放態度。在「財政方面，借外債以整理舊債，且以供改革行政之費；於國民生計方面，借外債以建設交通機關，確立金融機關，皆今日所亟當有事，而利可以傳諸無窮」。美國經濟發展迅速，善借外債就是其原因之一。如果因為有「區區之息」，「利之溢於人」就拒絕借款，實在是陋俗的守財奴心理。「生今日之中國而侈言拒外債，雖謂之病狂焉可也」。梁啟超的大家氣度，在這裡也得到了充分體現，的確是卓爾不群、超凡脫俗的一位先行人物。

不過，梁啟超並不是一位僅有見識，而無遠慮的後生小子。他同時看到了舉借外債的眾多弊端。從財政角度上，政府體制之腐敗，官員理財能力之低下，外債所得只會加劇原來的貪汙賄賂、浪費奢侈、營私舞弊等種種醜惡行為發生，國民徒增負擔而無一利

二、理財曇花夢

可得。從經濟建設而言，中國新式企業很少，組織不完備，管理水平低，生存環境惡劣，如果經營不善，外債如「附骨之蛆」，可以令中國債累無窮，流毒甚遠。一旦「所借之債，其用以為企業之資本者，什不一二，而供朝野上下熱官豪客揮霍以盡者將什而八九也。信如是也，則天下之險象，豈復過此也」。據此，梁啟超堅決主張，必須有政治上能對國民負責的政府，並有統籌全局的政策和財政管理的能力，有新式企業發展的良好環境和營利把握，才有借外債的資格。

梁啟超還具體分析了宜借外債和不宜借外債的產業部門。用以銀行準備金和中國銀行在國外開設辦事機構、用以整頓舊債和賦稅改革、用以鐵路交通，都屬可行項目；而用於行政開支、軍備費用等不生產的債務，則萬萬不可。對借債人和籌借的辦法、有關條件，也要慎重選擇，認真評估，並有合法的手續和得力的人選。

梁啟超財政改革的另一個重點是整頓金融，健全銀行制度。他主張由中央銀行統一貨幣發行權，禁止濫發貨幣，並不許銀行濫借錢給政府。此外，鼓勵發展私人銀行。同整頓金融直接相關的，是改革幣制。他抨擊了民國初實質上的無貨幣的混亂狀態，力主迅速建立貨幣制，使之成為統一的價值尺度標準，能發揮其借貸、價值功能，而不僅僅限於流通媒介一途。貨幣如不整頓，金融就不能正常運轉，這直接關係到了「國民生計命脈」，直接關係到國家存亡。此外，貨幣發行量，不能超過一年的賦稅總收入，方能防範通貨膨脹和擠兌風潮。但他主張自由鑄造主幣，又是極不明智之舉了。梁啟超寫了大量有關幣制改革的論文，如《中國貨幣問題》、《余之幣制金融政策》、《幣制條議》、《幣制條例理由書》、《整頓濫發紙幣與利用公債》等等。

整頓賦稅，梁啟超的著眼點在田賦、鹽課上。田賦修正的前提是核查土地，分類重新釐定不同稅率。鹽課則主張由政府專賣，製鹽業統一管理，並降低稅率。對稅收項目也需重新審查，汰裁厘金、關稅等，免掉應予保護生產的茶稅和名目繁多、五花八門的苛捐雜稅，而增加遺產稅、通行稅和合理的地方稅。對行政開支要降到國家能予支付的最小範圍。軍費則更應大力縮減，厲行裁軍。

梁啟超對經濟學、財政學的研究，得風氣之先，在理論上有一定的建樹，這是不容否認的。民國初年，他很以此自詡，企盼能在國家財政改革上大顯身手。但袁世凱卻不願把財政大權交給他，先用一個短命的司法總長位置穩住他，其後在他辭職後，又用一個幣制局總裁的閒職敷衍他。而他的那套方案，卻始終也無緣實現。一九一五年，他再次辭職，並和袁世凱徹底決裂。一九一七年，他在段祺瑞政府任財務總長一職，本想雄心勃勃大幹一番，然而所面對的卻是軍閥混戰、民不聊生的無情現實，財政改革簡直無從談起。任職僅三個多月，他就跟著段祺瑞政府一同下台，並從此離開了政壇，曇花一現的理財夢也就告終。

還須說明的一個問題是，梁啟超的經濟眼光和頭腦，並非由天上掉下來。他的經濟學理論，汲取了西方資產階級眾多學派的積極成果，而且也有他自己的實踐感受在內。知識分子對經濟生活的實踐，最早就源於戊戌維新派，張謇是其中成就最大的代表人物，梁啟超、康有為也同樣身體力行。他們辦書局、開餐館，投資鐵路、電車、開礦、房產，國內外都有企業，僅在墨西哥資本就達十五萬元以上。不過，梁啟超理論上的深刻，不等於實際經營上的精明，他主管的廣智書局，賠累甚劇，經常弄得走投無路，焦頭爛額。《新民叢報》的停刊，固有與革命派論戰之後影響縮小、發行量減少之故，但更重要的原因，則在各地分店拖欠、經費短缺所致。

三、歸去來兮

從一八九五年起，梁啟超涉足國事，到一九一七年結束從政生涯，其間風雲變幻，酸甜苦辣真是難以言盡。他曾為輿論驕子，輝煌不可一世，在一八九八年，一九〇一年至一九〇三年和一九〇八年至一九一一年，三次達到其時人共仰的鼎盛期。一八九八年，一九〇一年至一九〇三年的業績自不必說。一九〇八年至一九一一年立憲運動與辛亥革命期間，他的威望也可謂如日中天。梁所指導的《國民公報》「為立憲運動之大本營」，「各省優秀人士，群課與先生訂交論政，信仰倍增於平昔……庚戌辛亥年餘之間，系先生與國內人士通函論政最多之時，亦即先生於戊戌變法後，最為欣慰之時」，不僅立憲派人士趨之若鶩，清政府的顯赫大臣們也無不爭相交往，求他代寫報告、奏札、文章。辛亥革命時梁回國後，受到的盛大歡迎更非小可，三天一會，五天一筵，到處發表演說，學界、報界、政界洗耳恭聽。梁啟超深以此自負，有時狂妄起來，也會不知其所以。在段祺瑞政府爭論是否對德宣戰，黎元洪以輿論不利為由表示反對時，他竟聲色俱厲：「輿論？什麼輿論！我就是輿論界之一人，但我就是堅決主張宣戰的。」另一方面，梁啟超也嘗夠了大起大落之苦頭。戊戌政變後，被清政府以國事犯通緝，海外流亡十三年之久。政聞社成立時，被革命派學生揮拳相向，只得倉皇之中落荒而逃。苦心相勸清政府自行改革，期期艾艾寫了一封《上攝政王書》，清政府不理不睬大加冷落不說，還變本加厲對立憲派大肆迫害，真是一盆涼水從頭澆到足，寒透了梁啟超的心。民國以後，由於梁啟超捲入政爭太多，前後變化又太大，也頗招不少非議。他的一位黨

徒劉偉，就批評他「內以爭權為骨子……愛公者謂為學理所誤，譽公者謂為鼠輩利用，此皆不足深論。明公果有救亡之志，必須洗心滌慮，除權利思想，以誠信昭國人……國事巔險，人心疑慮，眾怨既歸，想先生亦百難辭」。他的一位同門劉復禮，也「深為足下痛之」，告誡他國事敗壞，「信乎大廈將傾，非人力之所能及也」，切不可「如醉如痴，如昏如迷」。更可悲的是，五四運動時，學生們因薄其為人，竟不接受他的捐款，這真是一記沉重的當頭棒喝！

梁啟超不時處於政治與學術的矛盾中。早在二十世紀初，他就有入山之志，專心致力於學術，以興學救國，與政治無涉。在給其師的信中，他曾多次致意於此。辛亥之後，他的改革方案均成畫餅，隱退之志自然時有萌動。一九一四年冬，他給周印昆一信，自訴其不得擺脫之苦。「弟則如古詩所云：『習習籠中鳥，舉翮觸四隅』。」「力求解脫，至今未得，而環顧世變，至使人無復樂生之思，何可言耶？」「抑神志之蕭索，致可哀也」。一九一五年，他著《吾今後以報國者》，發表了一個脫離政治的宣言書。「吾之所主張，在今日萬難貫徹」，過去曾「頗嘗有所規畫，思效鉛刀之一割，然大半與現在之情實相閡」，有鑒於此，「自今以往，除學問上或與二三朋輩結合討論外，一切政治團體之關係，皆當中止。乃至生平最敬仰之師長，最親習之友生，亦唯以道義相切劘，學藝相商榷。至其政治上之言論行動，吾絕不願有所與聞，更不能負絲毫之連帶責任」。一九一六年、一九一九年，他又曾兩次發表過類似宣言。過去，人們多指責這是他謀求仕途進取的「障眼法」，這個結論未免過於武斷和簡單。在社會角色的選擇上，梁啟超經歷了一條曲折的道路，他的內心痛苦是真實的。

現實政治的黑暗，第一次世界大戰爆發對西方民主政治神話的粉碎，幾次歐美洲遊歷所見到的種種社會弊端，加上傳統文化在他腦後留下的不短不長的辮子尾巴，使梁啟超的治學方向，有了一個重大的變化。他從迷惑、徬徨的心態中，開始向國學復歸。一九一二年，他加入了康有為、陳煥章的孔教會，從「吾愛孔子，吾尤愛真理；吾愛先輩，吾尤愛國家；吾愛故人，吾尤愛自由」的進步立場上，倒退了一百八十度。一九一三年，他同陳煥章等人上書袁世凱，要求定孔教為國教。值得注意的是，昔日維新派的健將嚴復、夏曾佑以至章太炎，這時都已銷聲匿跡，這是中國近代文化史上一個屢見不鮮、發人深省的現象，它的後面隱藏著極其複雜的深層原因。

一九一五年，中國國內新文化運動的崛起，吳虞的一聲「打倒孔家店」，響遍大江南北。梁啟超不以為然，這一方面是由於他已經不再是敢於「問蒼茫大地，誰主沉浮」的新青年，他自己就公然承認已從思想界的勇士，被時代浪潮拋到了後面，甚而全然落伍了。另一方面，新文化運動中全盤否定傳統文化，在學術價值的評判標準方面失之於偏頗的做法，也使作為一個學問家的梁啟超，無法服膺。

這段時期的梁啟超，困於政事與政爭，學術成就並不突出，主要著作有《管子傳》和《王荊公》。兩本書的史料都很豐富，顯示了梁啟超的扎實功底。兩書內容分析也很詳盡，政績、道德人格、學術文章，無一遺漏。他充分肯定和歌頌了王安石的變法事業，實際上就是為維新派的改革尋求歷史證據。對管子則頌揚了他的聽政於民、注重經濟發展和法治精神。這兩本書，都把這兩人的言行同歐美近代政治作了比較，有許多牽強附會之處，如說管仲的民治思想與近代國會制度相符，王安石的保甲法與警察相近，甚至說王、管二人的某些措施是社會主義政策，確實是不倫不類，令人啼笑皆非。但梁啟超試圖用現代審視眼光，去看待歷史人物及其活動，這種努力卻是值得稱許的。儘管還極不成熟，卻開了學術研究的新路，從這一點上講，梁啟超是難能可貴的。誠如列寧評羅莎．盧森堡一樣，鷹有時比雞還飛得低，而雞卻永遠飛不了鷹那麼高。

這段時期的梁啟超，飽經人世滄桑。其父於一九一六年病逝，他連遺容都未能瞻仰。這前後相繼失去了摯友黃遵憲、麥孟華、梁鐵君、唐才常、黃遠庸、湯覺頓、吳德瀟等人，還有他的高足蔡鍔、林圭、李炳寰、傅茲祥、蔡鍾浩、田邦浚等，以及他的姻兄李端棻。他所經受的打擊是非常沉重的。「庚子六君子」的血，灼燒著他的心。黃遵憲的病逝使他痛失知己，在他於宣統元年撰寫的《嘉應黃先生墓誌銘》中，他的沉痛心情溢於言表：「某以弱齡，得侍先生。唯道唯義，以誨以教。獲罪而後，交親相棄，亦唯先生咻噢振厲，拳拳懇懇，有同疇昔。先生卒前之一歲，治書某曰：國中知君者無若我，知我者無若君。」李端棻是他的姻親，又是他的恩公，噩耗傳來，梁的心境可想而知。麥孟華是他多年的好友兼戰友，而麥如今撒手而去，他怎能不涕淚漣漣？而蔡鍔的逝世，尤使他悲不自禁，肝腸寸斷。

更令他苦惱的是，他與孫中山、章太炎和其他革命黨人的關係，幾起幾落，多次交惡不算，與康有為也時有齟齬，一度幾有逐出師門之虞。至張勳辮子兵起事，梁啟超公然與之決裂，稱「此次首選謀逆之人，非貪黷無厭之武夫，即大言不慚之書生」。「況以今日民智日開民氣日昌之世，而欲以一姓之威嚴，馴伏億兆，尤為事理萬不能致……安有君主專制之政，而尚能生存於今日之世者？其必釀成四海鼎沸，蓋可斷言」。雖然師生二人後來言歸於好，但這一段時間，康有為的憤怒固不得而知，梁啟超的難受卻在意料之內。

同袁世凱的關係，更是耐人尋味。袁世凱的告密，促成了「戊戌政變」的爆發。維新派措手不及，損失慘重。光緒可謂軟禁至死，鬱病而終。六君子慷慨赴義，橫刀向天笑。梁啟超對袁的仇恨可說入骨。一九〇八年，袁世凱韜晦自養，解甲歸田。消息傳來，他欣喜若狂。但他又深知袁世凱其人非同小可，實為竊國奸雄之才。早在一九〇二年，他就斷言除了袁世凱，再無人可承繼李鴻章的衣鉢。一九一一年，出於英雄史觀和開明專制思想，他寄望於強權人物治理中國。出於對革命派的黨派偏見，對列強的妥協幻想，他選定了袁世凱。這無異於一場政治賭博，而梁的賭注大大下錯了。

其時的梁啟超，認定拯救中國非袁世凱不可。因為當時他仍然「確信共和政體為萬不可行於中國，始終抱定君主立憲宗旨，欲求此宗旨實現，端賴項城。然則，鄙人不助項城，更復助誰？……吾自信，項城若能與我推心握手，天下事大有可為」。而袁世凱為了爭取輿論支持，也一個勁地向梁啟超曲意逢迎，大送秋波，並頻致書信：「受益良多，感佩無極，尤盼褉教」，「凡所指導而激勵之者，皆犖犖大計，而又切於事情，循誦數日，如豁雺霧而見青天，以是知大賢吐屬不同，匪獨惓惓之意也」。真是肉麻之至，無以復加。

梁啟超就職袁政府後，實難一展宏圖，只好迭請辭職。他激憤之餘，曾「以幣制無整理之希望，因請撤局」。辭職之後，梁啟超避於天津，袁世凱接連兩次任命他為政治顧問，邀其考察沿江各省司法教育。他堅辭不就。其間曾返粵省親，「無意中幾遭暗殺」，係有「亂黨九人，各挾爆彈」，借為梁父祝壽為名，伺機行事。但為偵探所悉，未果，「官兵死一人，傷八人」，亦夠懸了。梁返津後，著手寫《異哉所謂國體問題者》一文，袁世凱聞知後，即託人賄梁二十萬元，「令勿所行」。梁啟超拒絕後，袁又派人來威脅恫嚇，叫梁不要「更自苦」。但梁始終未為所動。不久即去上海，策劃了護國戰爭，旋又南下親自參與其役，與袁世凱徹底決絕了。睹前思後，也不由得梁啟超不百感交雜。

與剛到日本時常有友人接濟相比，梁啟超後來的生活除俸祿外，全靠自己筆耕，兩者都並不固定，兼以維新派經營的企業狀況不佳，他自己還時有賠累，甚而落下些誤會和一時的惡名，心情不快兼以生活困頓，是常有的事情。更重要的是，國事杌陧，黨派紛爭，民生日蹇，人心渙散，憂國憂民，何時是了？從他的詩文，也可領略出一種不勝悲涼的心態。麥孟華去世後，他在致麥弟公立信中說：「聞此噩耗，驚絕痛絕……痛哉痛哉！國乃如此，久生何樂！死者固自能解脫身。獨怪天既生此才，何以待之必如此慘酷，真宰何在？吾欲作天問也。頃避地析津，獨居鬥室，盛雪塞空，群像憯淒，問（聞）此凶問，擗膺繞室，不復能自恃……五內崩裂，言不成文。」他寫了八首悼詩，

三、歸去來兮

其三是「十載漳江路，無家更苦飢。獨憂天下溺，此誼古人稀。餘事歸吟望，流風尚起衰。只今俱已矣，吾道適安歸」。梁啟超悲語如是，悲何如哉！他問天，問地，問風，問雨，問不出一個答案；他悲孟華，悲自己，悲一代人，悲民族，悲國家。

一九一一年，梁啟超曾寫過一首詩：「亦擬虞淵援墜日，最憐此義委埃塵。國誰與立疑天醉，我道其常識士貧。時局深池來瞎馬，罪言杯水沃車薪。作箴欲起膏肓疾，奈此殘肢已不仁。」他意識到了清王朝即將覆滅的命運，也意識到了維新派自身的悲劇結局。民國以後，他也一度洋洋得意，自負為治世良才、再世管仲，但到頭來，還是紙上談兵。一九一四年，他滿懷慨嘆記述宦海風波之險惡，「在昔吾居夷，希與塵客接。箱根山一月，歸裝稿盈篋（吾居東所著述多在箱根山中）。雖匪周世用，乃實與心愜。如何歸乎來，兩載投牢篋。愧俸每顙泚，畏譏動魂懾。冗材憚享犧，遐想醒夢蝶。推理悟今吾，乘願理夙業。郊園美風物，昔紀侯好狙，使狙師教焉。願言賃一廡，庶以客孤笈……」這首詩，也寄託了他對學海生涯的無限眷戀。然而，猶如今日之我與昨日之我不斷交戰一樣，政治家之梁啟超與學問家之梁啟超也在不斷交戰。一九一七年辭去財長一職後，梁於一九一八年冬去歐洲遊歷。直到一九二〇年，梁啟超終於重新選定了自己的社會角色，做一個學問家與教育家。「歸去來兮，田園將蕪胡不歸？」陶潛的選擇，也代表著梁啟超的某種心情。不過，陶潛和梁啟超雖然都共同感受到「悟已往之不諫……覺今是而昨非」，但陶潛是「風飄飄兮征衣」，瀟灑自得，梁啟超卻更多的是「鳥倦飛而歸林」，有種沉重的悵惘和失落感。

第四章　一代宗師

一、國粹鉅子

「欲訴奇愁無可訴。算興亡，已司空見慣。忍拋得，淚如線。」一九二〇年，梁啟超到清華學校講學，回到了書齋。從一八九五年組織公車上書算起，屈指已過了二十五年。其間的梁啟超，有過叱吒風雲的輝煌，也有過浪跡江湖的落拓，有過眾星捧月的自得，也有過三人市虎的辛酸。政壇上的幾起幾落、大起大落，使他歷盡苦辛，飽經滄桑。他習慣了酒酣耳熱時的頌歌繞梁，也習慣了人前人後的萬夫所指。笑罵由爾去，素心我自知。不過，對於危象險生、瘡痍滿目的祖國，他卻是怎麼也放不下心。多年為之奔走奮鬥的理想有如水中月，多年為之孜孜以求的強國夢為一枕黃粱。撫今追昔，梁啟超不由左也是愁，右也是愁，無事不愁，無處不愁，愁到奇愁，真是怎一個愁字了得？梁啟超退出政壇，也就很可理解。

歐洲遊歷，使梁啟超大飽眼福，大長見識。但第一次世界大戰後，舊戰場的殘垣斷壁，生意場的委頓蕭條，巴黎和會桌上的弱肉強食，都使梁啟超惶惶不安。資本主義前途究竟如何？梁啟超產生了本能的懷疑以及巨大的動搖。「西方經濟之發展，全由於資本主義，乃係一種不自然狀態，並非合理之組織。現在雖十分發達，然已將趨末路，且積重難返，不能挽救，勢必破裂。」但是，即令如此，梁啟超仍然深切地感受到了中國遠遠落後於西方先進國家的無情現實，所帶給他的巨大衝擊力。在西方，「代議制乃一大潮流，亦十九世紀唯一之實物，各國皆趨此途，稍有成功，而中國獨否。」不管西方的議會民主制多麼虛偽，但較之黑暗蔽塞的封建皇權專制，仍不失為一大進步。經濟上也是如此。「中國對於經濟集中，最不適宜，數十年欲為此傚法，而始終失敗」。資本主義的近代化大生產未能在中國社會經濟生活中生根。中國前途何在？梁啟超轉而求救於中國固有的民本主義、互助精神和泛道德論。也就是人人養成高尚人格，「將固有國民性發輝光大之，即以消極變為積極是也」。然而，梁啟超開出的這帖良藥，就果真能使中國起死回生嗎？民本主義、互助精神和泛道德論，就果真能讓中國避免傚法資本主義的「此種病態」，而又得到歐洲百年來的進步嗎？

儘管梁啟超走南闖北，在中國政界活躍良久，但他對中國的社會結構並不真正了解。他對小農經濟有著根深蒂固的留戀，他不知道民本主義和專制主義都是小農生產方式的必然產物，不知道平均主義和好皇帝都是農民孜孜以求的東西。他不知道手工式的小生產與社會化大生產的根本區別，也不知道前者才是中國經濟落後、社會停滯的根源所在。同樣，他也不知道家族組織是封建政權最堅固的柱石，它的歸宿就是皇權為塔尖的金字塔等級制。溫情脈脈的人倫關係和有限的互助精神，都不能取代更不能取消在此基礎上產生的官僚極權政治。回到舊有的道路上，是梁啟超及其一代人的時代性悲劇。中國的歷史包袱太重，變革的路太長，付出的代價太大。這種代價，就連備嘗艱苦的梁啟超，也已經感到不堪重負。

梁啟超把希望寄託在國民「思想當為徹底解放，而行為則當踏實，必自立在穩當之地位」上面，寄託在人才之崛起，特別是後進的培養上面。他在歐遊歸國後，對記者發表談話：「去國一年餘，對於國內情形頗不明了，唯對於此種狀態亦不願加以考究決定。對於現實的方面（尤以政治方面為最）皆一概絕緣，而對於各方面的黑暗，則由個人的良心為猛烈的抨擊，暫時如此。」只是，政治改革的路雖然放棄了，國還是不能不愛的。他想學術救國，教育救國，故又聲明：「以後研究有得，再擬定建設方針，供國人之採擇。」他著手與張元濟先生等人合作，透過商務印書館落實譯輯新書計劃，組織共學社，出版雜誌，決定在思想界、言論界有所積極主張。

應該注意到的是，梁啟超有豐富的知識累積和人生閱歷，無論是新學或舊學，他都有自己的獨立見解和批判眼光，有將二者融會貫通的學識和能力。儘管個別觀點也有偏激片面之詞，但究整體而言，他對舊文化的復歸，絕不是一個簡單的、盲目的復舊。他

一、國粹鉅子

的復歸，是想在新舊文化的衝突中，找到自己的特定位置，是想實現變消極為積極。而興學救國的宿願，是以「培養新人才，宣傳新文化，開拓新政治」為宗旨，並抱著滿腔熱誠和殷殷希望，認定其「為吾輩今後所公共祈向，現在即當實行著手」。他以其特有的號召力，羅致團結了張元濟、蔡元培、熊希齡、陳叔通、金仲蕃、張伯苓、張東蓀、蔣方震、吳子玉、范靜生、徐振飛、蹇季常、高夢旦、舒新城、籍忠寅等一批文化名流，一批志同道合的學術實力派。

本著這種認識和態度，梁啟超對當時問題與主義的論戰自然站在胡適一邊。作為剛從政界敗下陣來的梁啟超，對用政治手段解決中國問題已經失去了興趣以至信心，不論哪種主義，都不如他的學問至上原則了。這種認識和態度，是很符合他新選的做一個純學者的社會角色身分及其心態的。儘管實際生活中，他的影響仍在，積習難改，也還要時不時去探討和發表對諸多政治問題和時局的見解。但他的主觀願望，確實是想認認真真多研究幾個問題，做點切實有益的具體事情。除此以外，他對階級鬥爭學說和暴力革命理論有極深的偏見，對地主和資本家的「紳權」，又有極深的偏愛，對馬克思主義在中國的傳播和作用，也就不可能持以公正客觀的態度，更不可能為之去歡欣鼓舞。遠離了社會改革與社會革命運動洪流的梁啟超，儘管還有勇氣和自知之明承認自己於五四以後，「許多新青年跑上前線，這些人（指康有為、梁啟超、章炳麟、嚴復等——筆者注）一躺（趟）一躺（趟）被擠落後，甚至已經全然落伍了」，但他卻無法再前進一步，承認和克服自己的局限性。相反，鼓吹了一輩子自由民權、平等博愛的梁啟超，最害怕的是看見「車伕要和主人同桌吃飯，結果鬧到中產階級不能自存，而正當的工人也全部失業」。這種立場，使他從一個早年對社會主義理論的同情者，變成對馬克思主義的極端反對派。而早期蘇聯階級鬥爭的嚴酷現實，更是使他心驚膽顫。列寧在他心目中，也從一個「其刻苦之精神，其忠於主義之精神，最足以感化人」，因而「以人格論，在現代以列寧為最」的高尚人物，變成了一個「對內只是專制，對外只是侵略」的「轉輪再生的大彼得」了。對歐美政治學說及其理想王國的質疑和幻滅，對蘇聯政治和馬克思主義理論的曲解和仇視，對國內現狀的不滿以至絕望，加深了梁啟超到學術中去求解脫求出路的決心。與政治態度所不同的是，梁啟超在學術建設上，充滿了雄心與信心。他回歸了書齋，回歸了國學，但他立志透過國學的研究和傳播，「在社會上造成一種不逐時流的新人」，「在學術界上造成一種適應新潮的國學」。也即「用最新的科學方法，將舊學分科整治，擷其粹，存其真，續清儒未竟之緒，而益加以精嚴，使後之學者既節省精力，而亦不墜其先業，世界人之治『中國國學』者，亦得有藉焉」。所以

一、國粹鉅子

「當一面儘量汲收外來之新文化，一面仍萬不可妄自菲薄，蔑棄其遺產」。顯然，梁啟超一九二〇年後的學術研究的立足點，是相當高的；研究方法和眼光，也基本正確。這使他的國學研究，不是傳統文化的簡單重複，更不能將之武斷地歸之為一種反動潮流。恰恰相反，梁啟超是開闢近代新國學的一代宗師。在中國文化史與學術史上，他是一個熠熠生輝的先行者，他的研究成果，代表了一個具有時代性意義的轉折點。

這一時期的學術研究，梁啟超是從「整理國故」開始的。早在一九一九年旅歐途中，他在其創辦的《解放與改造》週刊《發刊辭》中，就已提出了這一口號。回國之後，他同胡適等人一起，積極參與了整理國故的運動，並成為國粹主義史學派的中堅。如果從當時的社會運動和時局發展形勢看，梁啟超的這一行動同他在問題與主義論戰中的立場一樣，確有阻礙革命、反對革命之嫌。但從學術研究角度看，梁啟超的這種言行卻是符合學術研究的客觀規律的。「凡一學術之發達，必須為公開的且趣味的研究，又必須其研究資料比較的豐富。」作為國學研究，當然要以整理國故為前提，這是不言而喻的事情。何況此時的梁啟超，已經轉換了自己的社會角色，是一位學者而非政治風雲人物，評判他的主要標準，也就應以學術為主了。

梁啟超身體力行。一九一八年至一九二七年，他對古代文獻與金石碑帖做了大量的考訂校勘註釋工作。其在先秦諸子和佛教方面的著述，尤為豐富（見附錄）。一九二三年，他發表了《治國學的兩條道路》和《國學入門書要目及其讀法》。梁啟超在前文裡，對國學打了一個形象而又精當的比喻。他說國學是我們民族五千年的文化史，「替全人類積下的一份大遺產」，這許多的文化產品，「真算得世界第一個豐富礦穴。從前僅用土法開採，采不出什麼來，現在我們懂得西法了，從外國去運來許多機器了。這種機器是什麼？是科學方法。我們只要把這種方法運用得精密巧妙而且耐煩，自然會將這學術界無盡藏的富源開發出來，不獨對得起先人，而且可以替世界人類恢復許多公共產業」。用當代審視眼光和科學方法，去開發中國的古文化遺產，對中華民族、對全人類作出貢獻，這就是重治國學的可行道路和價值所在。

《國學入門書要目及其讀法》，提綱挈領地介紹了中國在經學、史學、文學、小學以及子部、集部、雜論等方面，幾百本要籍的精華所在和攻讀要點與具體方法。「倘能依法閱讀，則國學根柢可略立，可以為將來大成之基矣」。這個自我評估，應該說還是實事求是的。

梁啟超開出的這一書目，囊括了中國傳統文化的主要成就和經典之作，而且能給人以一個系統地去發掘和領會其精神和發展源流的可能性。梁啟超同時還開出了一個「最低限度之必讀書目」，供那些學有專門，並不以國學為業的青年學生參考選擇，因為作為一個「中國學人」，無論其學什麼，都有義務了解自己國家的歷史文化。梁啟超還在《治國學雜話》一文中，講述了自己的心得與經驗，要學會「披沙揀金」，對古書進行分類整理，並分為精讀和泛讀，把它們作為觀察實際生活的引線，認真作好讀書筆記和卡片，用各種辦法進行資料累積等等。

一九二五年，梁啟超又發表了《要籍解題及其讀法》。在本文中，梁啟超具體地介紹了《論語》、《孟子》、《大學》、《中庸》、《史記》、《荀子》、《韓非子》、《左傳》、《國語》、《詩經》、《楚辭》、《禮記》、《大戴禮記》、《爾雅》等經籍及其有關著作。這篇論文的價值，與其說是要目介紹與索引，不如說是梁啟超對上述典籍研究成果的彙總提要與讀書方法總結。如在《孟子》一項中，他先介紹了《孟子》編纂者與篇數，考證了成書的作者、年代、真偽，概括了其內容和價值，並對其書要點作了分類和評述。在讀孟子法中，梁啟超提出幾個重點：一是道德與人格的修養；二是孟子的哲學主張和政治學觀點；三是透過孟子發現楊朱、許行等眾多「異端」學者與學派。作學術史研究，這無疑得其要端，為後人治孟子指出一條切實可行之路。梁啟超還指出，孟子並非史家，《孟子》一書「宗旨又不在綜核古事」，故「歷史價值最低」，不可當史讀；而其具體政治主張，也多因歷史變遷而不合時宜，但其精神卻有「永久價值」。這些意見也都給後學者以啟迪，不致於迷失其途。在《孟子》之註釋書及關係書一項中，梁啟超對各書評論語雖寥寥，卻要言不煩，抓住關鍵。他評焦循《孟子正義》「考證最精審，且能發明大義」；戴震《孟子字義證疏》是「戴氏發表自己哲學意見之作，並非專為解釋孟子。但研究孟子哲學，自應以此為極要之參考品」；而說陳澧東塾讀書記內孟子之卷時，則贊其「治學方法最可學」。這不僅對研究孟子，而且對研究孟子哲學的精義集萃，都具有指導性作用。對其他經籍的研究，也多率如此。梁啟超曾說：「我們治國學的人，為節省後人精力而且令學問容易普及起見，應該負一種責任，將所有重要古典，都重新審定一番、解釋一番。」國故整理與介紹，是梁啟超集舊國學大成的有效方法，也是建設新國學的前提和起點，是他的一項重要學術成就與貢獻。

梁啟超還一直認為：「史部為國學最主要部分。」所以他的國學研究，也以史學為第一重頭戲。他的學術專著與論文，也以史學為主。而在史學研究中，則又以學術史、思想史、文化史的成績領先。一九二〇年，他撰寫了皇皇專著《清代學術概論》，這是中國近代學術史上的一顆璀璨明珠。該書對清代學術的淵源、發展過程、主要學派及其代表人物、主要學術觀點與學術價值及社會作用，各派之間的內在關係與演變軌跡與歷

一、國粹鉅子

史原因，一一作了系統的探析和總結。其內容之廣博，觀點之深刻，氣勢之宏大，評價之精妙，文風之活潑，語言之簡賅，立意之新，創見之多，至今還未有出其右者。現在讀來，仍讓人覺得津津有味，愛不釋卷。在《清代學術概論》中，梁啟超從時代思潮的角度出發，把清代學術分為四個時期：啟蒙期，代表人物顧炎武、胡渭、閻若璩、黃宗羲、王夫之、顏元、李塨、王錫闡、梅文鼎等；全盛期，代表人物惠棟、戴震、段玉裁、王引之、錢大昕等；蛻分期，代表人物康有為、梁啟超、譚嗣同、章太炎等，但同時也為衰落期。而清代「二百餘年之學史，其影響及於全思想者，一言蔽之，曰：『以復古為解放。』第一步，復宋學之古，對於王學而得解放。第二步，復漢唐之古，對於程朱而得解放。第三步，復西漢之古，對於許鄭而得解放。第四步，復先秦之古，對於一切傳注而得解放。夫則已復秦漢之古，則非至對於孔孟而得解放焉不止矣。然其所以能著著奏解放之效者，則科學的研究精神實啟之。」梁啟超認為清代思潮以思想解放為原動力，以復古為手段，以科學的研究精神為成因，這種歸結是很中肯的。

梁啟超對各個時期的主要流派和代表人物一一作了評述。在第一期人物中，他指出顧炎武為創新學風，轉振思潮的最有力者。其特點在於能夠「貴創」、「博證」、「致用」，痛批了晚明以來空談性理、遊說無根的腐儒陋習，做學問務求有根據，做人務必踐其言，故而成為清代樸學的開山鼻祖。而承其祧的閻若璩和胡渭，其《古文尚書疏證》與《易圖明辨》，分辨了孔學與宋學的區別所在，將長期以來，儒學憑藉的古文尚書與河圖洛書的神聖性與權威性，一掃而光，「實思想之一大革命」。正是這一派疑古、辨偽、求真、求實的學風，開了乾嘉考據派的先河。由於他們以經學研究為主要對象，梁啟超稱他們為正統派。

第一期人物中的黃宗羲、萬斯同、萬斯大，是浙東史學派的不祧之祖，他們開了清代史學研究的新風。梁啟超盛讚了黃宗羲的《明夷待訪錄》，讚揚其對封建君主專制的無情抨擊，「真極大膽之創論」，直到對「晚清思想之驟變」，都造成了「極有力」的作用。對黃宗羲和萬斯同開創的學術史研究和「獨力成明史稿」的做法，也作了充分的肯定。此外，他還正確地指出了黃宗羲在樸學、數學、音樂等多方面研究上的貢獻，梅文鼎、閻若璩、胡渭等大家，均曾深受其影響。

王夫之的治學特點，是不落習氣，不守先生之言。梁啟超評其「讀通鑒論宋論往往有新解」，又「尤能為深沉之思以抉繹名理……蓋欲自創一派哲學而未成也」。這確是慧眼過人的不多之論，王夫之的主要學術貢獻正是在哲學本體論和進化史觀方面，但尚未發展成一種系統的完整的理論。梁啟超還高度評價了王夫之說「天理即在人欲之中，

一、國粹鉅子

無人欲則天理亦無從發現」，認為這「可謂發宋元以來之未發，後此戴震學說，由茲衍出」。這也是十分精審的論斷。「存天理，滅人欲」是宋明理學的主要觀點之一，也是封建倫理至上論的支柱，正是王夫之揭櫫起反對封建禁慾主義和極端唯心主義的大旗，其後戴震接過了這根接力棒，成為從王夫之到譚嗣同之間，承繼這種戰鬥精神的仲介人物。

梁啟超著力介紹了其學「不顯於清世」的顏元、李塨學派，頌揚他們「明目張膽以排程朱陸王，而亦菲薄傳注考證之學。故『宋學』『漢學』者，兩皆吐棄，在諸儒中尤為挺拔」，「對於舊思想之解放，最為徹底」。然而也正因其「堅苦卓絕」，敢於對舊思想舊道德作「毫無閃縮的正面攻擊」，所以「傳者卒稀，非久遂中絕」。梁啟超還特別強調了顏李學派的躬行實踐的學問觀。「蓋謂學問絕不能向書本上或講堂上求之，唯當於社會日常行事中求之」，總之，「為做事故求學問，做事即是學問，舍做事外別無學問，此元之根本主義也。以實學代虛學，以動學代靜學，以活學代死學，與最近教育新思潮最相合」。梁啟超對顏李學派情有獨鍾，後又於一九二三年專門撰寫了《顏李學派與現代教育思潮》一文，更加深入和具體地探討了顏李學派在哲學、教育學方面的卓著見識與實踐。

尤為難得的是，梁啟超在第一期人物中，列出了傑出的自然科學家王錫闡、梅文鼎，並分析了中國數學天文學之所以發達的原因，及其與經學研究和西方傳教士來華傳播西學的內在連繫，讚揚了梅文鼎的「粹然學者態度」，既不「薄古法為不足觀」，而是盡心「深考中算源流」，也不「株守舊聞，遽斥西人為異學」，而是「鼎集其書而為之說，稍變從我法。若三角比例等，原非中法可該，特為表出；古法方程，亦非西法所有，則著專論以明古人精意」。一句話，「知學問無國界，故無主奴之見，其所創獲甚多」。實際上，這句話也是梁啟超對學術交流的基本認識和態度。這種遠見卓識，現在許多人也還沒有具備。與此同時，梁啟超還批評了中國輕視科技的傳統和陋習，致使學者們除數學天文作為經學中固有的之外，不注意其他自然科學的研究，使得清代學術研究集中趨於考古一途，也是很有見地的。而且，他指出清代自然科學之所以不發達，還因其「當時又無特別動機，使學者精力轉一方向」，也是大可深究的。用今天的眼光來看，就是缺乏社會化大生產的運行機制，從而不能產生這種客觀的實際需要，不能和人們自身的利益結合起來。梁啟超雖然不能闡明其中的奧祕，但他能敏銳地指出這種現象，為後人的研究提出問題，也就遠較其同代人高明多了。

對於清代學術全盛期乾嘉學派的學術源流和成就，梁啟超作了頗為精深的研究，

有大量獨到的心得。他重點介紹了惠棟、戴震及其兩派的主要傳人。對戴震的治學宗旨、方法和精神，作了極高的評價。他正確地指出，戴震最可貴之處，在於「無論何人之言，絕不肯漫然置信，必求其所以然」「不以人蔽己，不以己自蔽」，這種「研究精神，實近世科學所賴以成立」。而戴震的代表作《孟子字義疏證》，早已超出考證學範圍，而是「欲建設一『戴氏哲學』」。梁啟超認戴氏哲學為「情感哲學」，這種概括學術上不一定準確，但梁評其以此來反抗宋明理學，反對封建專制和封建倫常對人性的摧殘戕殺，因而「與歐洲文藝復興時代之思潮之本質絕相類」，卻是一點沒有說錯。戴震與清中葉傳統學者的不同點就在於，他不僅是乾嘉考據學的大師，還是中國早期啟蒙思想家中的鉅子，這也是他高出惠棟派之處。他同惠棟同樣學識淵博，而且還「識斷精審」。梁啟超分析戴震哲學的立足點，是「欲為中國文化轉一新方向」，「實以平等精神，作倫理學上一大革命」。而《孟子字義疏證》「雖辭帶含蓄，而意極嚴正，隨處發揮科學家求真求是之精神，實三百年間最有價值之奇書也」。這些評價，也鮮明地表現了梁啟超自己的學術觀點和抱負。

本著這種認識和精神，梁啟超還特別推崇史學家章學誠，認為其識見都高於劉知幾，所著《文史通義》，「實為乾嘉後思想解放之源泉」，創見「不可悉數」，不但為

「史家之傑」，而且為「晚清學者開拓心胸」的先鋒。

梁啟超還簡要總結了乾嘉學派在經學、史學、小學、音韻學、地理學、金石學、典章制度研究、校勘學方面的主要成就，並概括了乾嘉考據學的研究程式：觀察、質疑、立說、蒐證，「務求按諸同類之事實而皆合」，其實質與近代實證方法頗類似，只是研究範圍過於集中於考證古文獻古文物一途。而乾嘉學派的學風則在立義必求證據；選擇證據以古為尚；孤證無反證時可存，但不為定說；隱匿或曲解證據為不德；喜廣求證據作比較研究；剿說為大不德；意見不合不問身分可相互辨詰，並相互尊重；好專治一業，作窄而深的研究；文風樸實簡潔。梁啟超肯定了這種忠實無欺、獨立不雷同，「為學問而學問」，而不以學問求一己功利的實事求是態度；但也批評了其研究範圍過窄，並因政治壓迫之故，而逐漸脫離經世致用本意，以致「凡學術之觸時諱者，不敢相講習」，終於「凝滯不復進，因凝滯而腐敗」，走向衰落。梁啟超還分析了清代樸學自身的三大毛病：其一是考證學研究方法雖精善，成就卻限於訓詁一途，「經數大師發明略盡，所餘者不過糟粕」，最後流於空蕪支離，餖飣瑣碎。梁啟超說得好：「清學以提倡一『實』字而盛，以不能貫徹一『實』字而衰。」其二，樸學打倒宋明理學之「學閥」，而到乾嘉以後，自己也以學閥自居，形成「漢學專制」局面，「學派自身，既有

一、國粹鉅子

缺點，而復行專制，此破滅之兆」。其三，樸學既教人尊古，又教人善疑，自相矛盾，必致「本派中有異軍突起」，而導致本派命運的根本動搖。梁啟超對清代學術演變及其原因的分析和經驗教訓的總結，至今仍有相當的借鑑意義。

梁啟超繼而探討了清代學術兌分期的情況。它的導火線是經學今古文之爭，其實質是康有為、梁啟超、譚嗣同等人借今文經學為武器，進行思想解放和社會變革的結果。應該說，梁啟超的分析基本上是客觀的、符合事實的。

梁啟超還分析了「晚清西洋思想之運動」。他指出，戊戌變法時期的康有為、梁啟超、譚嗣同等，生於西學知識極為淺薄的「學問饑荒」時代，故而「冥思苦索，欲以構成一種不中不西即中即西之新學派」，既不為根深蒂固的舊思想所容，新思想來源又十分枯竭，故而「支絀夭裂」。戊戌政變後，青年學人率相流亡或求學海外，譯述事業大著，「新思想之輸入，如火如荼」。但是，「無組織、無選擇，本末不具」，不問「消化與否」、「召病與否」。而且，由於歐美留學生未能積極參加這一運動，譯述質量大受影響，兼以不少所謂的新學家，視新學為「變質之八股」，為進身的敲門磚，致使這一運動未能產生學術上的重大成果。這無疑是梁啟超回顧歷史並作了深刻反思後的肺腑之言。

《清代學術概論》提煉和總結了清代學術成果的精華，並把它們從過程的經驗性記述，上升為本質的理論性分析，這正是過去研究中最為薄弱的環節。此外，《清代學術概論》還補充了前人研究中的遺漏與不足，如在地理學、文字音韻學方面均有重大建樹的劉獻廷，在反對宋明理學方面有過突出成績的毛奇齡，儘管後者人格低下，梁啟超也都作了介紹。對不屑今文的章學誠、章炳麟，評價也相當公正。對康有為治學上的武斷臆測，對梁啟超自己在治學方面的淺嘗輒止，也都如實進行評析。該書中的創見也極多，有如火花迭起，令人目不暇接。如認為「一種學術之發達，其第一要件，在先有精良之研究法……俾人人共循，賢者識大，不賢識小，皆可勉矣」，故能給人以「開拓之餘地」，能「靡然向風矣」。又如「學問非一派可盡……萬不可求思想統一，如二千年來表章某某罷黜某某者」。又如文化發展有賴於學者人格，治學者「斷不以學問供學問以外之手段，故其性耿介，其志一專」，而「學問之價值，在善疑、在求真、在創獲」等等。

《清代學術概論》當然不可能盡善盡美。許多學術見解尚待商榷，有的則係謬誤。如用歐洲文藝復興與清代學術思潮比較，本是創舉，但若全然等同，則失於牽強。兩者的內容、背景、作用並不一樣，不少地方差距還相當之大。又如認清學的肇因首先全在反對王學，也不盡然。因為黃宗羲、顏元均屬王學左派，他們對王學既有批判，也有繼

一、國粹鉅子

承，他們汲取了王學中主張思想自由、個性自由和維護士大夫人格尊嚴的積極因素。而清代學者也並非以復古為主義，果真如此，就不會力倡善疑。與其說是以復古為主義，還不如說是以復古為口號，考古為手段而已。不過，如同梁啟超評顧炎武時所言：「凡啟蒙時代之大學者，其造詣不必極精深。但常規定研究之範圍，創革研究之方法，而以新銳之精神貫注之……所以能當一代開派宗師之名者何在？則在其建設研究之方法而已。」這段話用於梁啟超在建設新國學、新史學的貢獻上，也是當之無愧的。

一九二四年，梁啟超出版《中國近三百年學術史》，該書與《清代學術概論》異曲同工，相輔相成。孟祥才先生評後者乃「清代學術的鳥瞰圖，重點側重於『論』」，前者則系「此期學術的展覽圖，重點側重於『史』」，可謂一語破的。《中國近三百年學術史》是一部清代主要學者的學案擷要與學派要論，用豐富的史料進一步深入地論證了《清代學術概論》的主要觀點，彌補了該書在這方面的某些空疏不足之處，使其內容更加縝密、嚴整和全面。如對顧炎武，他補充介紹了顧在開學術門類方面的成就，以及他在學術方面與當時士大夫的交往情況。僅亭林學友表上所列人物，就達三十三位之多，並均有簡介，對於學界社會面目及其主要學術趨勢，於中也可窺一斑；對顏元，則批評了他的講求禮法的復古主義傾向，也是導致其學後世不顯的重要原因之一；對黃宗義等人同陽明學的關係，也作了比較深入的研討。而且，由於增添了大量的學術代表人物，使清代「重要各學派全數網羅」，而這些人物的生平、學說主要內容與治學特點，及其本人的人格、學風，也都比較忠實地描述與分析，從而使該書同《清代學術概論》相比起來，顯得更加充實、豐滿、言之鑿鑿而有更強的說服力。對清代乾嘉學派在學科建設方面的成就，介紹也更為具體和詳盡。對清代學術演變過程及其與政治的關係，則以「經世致用」的治學宗旨為主線，分析了清代學術和學風所經歷的否定之否定過程。清初大儒由於亡國的刺激，痛定思痛之後，對宋明理學和心學作了深刻的反省，「於是拋棄明心見性的空談，專講經世致用的實務。他們不是為學問而做學問……所做學問，原想用來做新政治建設的準備，到政治完全絕望，不得已才做學者生活」。這的確更加符合當時的歷史事實，也更能解釋清楚清初大儒們的學說中，反對封建專制的戰鬥鋒芒何以如此強烈，使我們摸到時代的脈搏，全面地看到學術與政治的關係。治學求真，學者要客觀、冷靜，「為學問而學問」，但學術方面的選擇和變遷，學術成果的社會價值和作用，又以社會的需要為原動力，這就必然直接牽涉到學者自身的政治眼光和社會良心。一個優秀的學者，既要有健全的學者人格，又應代表社會的良知。然而，在「康熙二十年之後，形勢漸漸變了」。社會日趨安定，經世致用的政治理想，不再急迫，兼以

一、國粹鉅子

清政權對文人的兩手政策，學者多數回到書齋，在故紙堆中討生活，清初學風轉而向考據學發展，在學術上取得了很大成就，「日趨於健實有條理」，研究對象和範圍卻越來越窄，終於走進了遠離社會實際的死胡同。而今文經學的興起，正是針對清王朝日益敗露的社會危機，和清代中葉以後學術界的了無生氣而發，「因政治的劇變，釀成思想的巨變」，重新揚起了經世致用的旗幟，並結合改革的發展，形成了「晚清西洋思想之運動」。梁啟超還指出，晚清今文經學的勃起，其實是「殘明遺老思想之復活」，一句話道破天機，說盡了中國明清之際，早期啟蒙思想萌芽艱難生長的曲折里程。

對先秦學術與政治思想史的研究，是梁啟超取得的又一重大學術成就。一部《先秦政治思想史》膾炙人口，於後人多所啟益。該書分析了先秦政治思想四大潮流：儒家、道家、墨家、法家，指出儒家始祖孔子為「禮治主義」，主張「化民成俗」，理想則為「仁的社會」，手段乃「修身」完善個人人格，以「人治」「齊天下」，自強不息，「知其不可為而為之」。孟子進而提倡道德至上論，實行仁政保民，反對功利主義；而荀子則注重社會生計問題，禮樂相輔。道家則「以自然界為中心」，「以人類心力為萬能」，主張無為而治，復歸自然，個人本位。墨家「以『兼愛』為唯一主義」，非攻非樂，尚同尚賢，主張義利相通，法治人治兼顧。法家則由「儒道墨三家之末流嬗變匯合而成」，施行法治主義。在國家起源論上，儒家持家族說，道家持自然說，墨家持民約說，法家持權力說。儒家哲學以人為中心，道德至上；道家人物不分，但追求高層次的精神文化；墨家主張平等，但有極端的實用主義傾向，其組織也有原始宗教的性質；法家則以帝王為中心，具有明顯的專制主義。

在該書中，梁啟超提出了一些十分重要的學術見解。如先秦思想家的所謂「百家言」、「罔不歸宿於政治」。而「中國學術，以研究人類現世生活之理法為中心，古今思想家皆集中精力於此方面之各種問題，以今語道之，即人生哲學及政治哲學所包含之諸問題也。蓋無論何時代何宗派之著述，未嘗不歸結於此點」，一針見血地總結了中國學術，尤其先秦諸子的特點、缺點和優點。又如梁啟超分析了中國思想界，尤其儒家的禮治主義，其實是由於「家族本位的政治」，造成政治與倫理相結合之故。對於周初封建制度，梁啟超也能用歷史的眼光分析，指出它曾經造成過分化與同化兩大作用。分化使我族文化得以「從各地方為多元的平均發展，至春秋戰國間，遂有千岩競秀萬壑爭流之壯觀」，同化則使華夏民族能「於半開的蠻族叢中，使之從事於開拓吸化之大業，經數百年艱難締造……而太行以南大江以北盡為諸夏」。正是透過「華夷混界」，才使華夏文化的「同化力猛進」。

梁啟超還注意到百家爭鳴對學派交融發展的促成作用。孔子的正名、荀子的禮制、墨子的尚同，都是法家的思想來源。而道家的慎到，墨家的尹文子，均為該派與法家相通的樞紐人物。農家的許行，其實是道墨兩家的合流。在研究範圍與方法上，梁啟超特別注意了物質生活與精神文化、時代與個人、群體與個體之間的關係，這也是他較前代和同代人高出一籌的地方。

當然，該書有很多謬誤。如認為中國自古以來就有社會主義；中國二千年前，即已倡導「除卻元首以外，一切人在法律之下皆應平等，公權私權兼為無差別的享用」，就完全不符合歷史事實。而且，這種理論在學理上也不能成立。資本主義、社會主義，都是世界進入近代社會後的產物。

在《先秦政治思想史》成書前後，梁啟超還寫了《老子哲學》、《子墨子學說》、《儒家哲學》、《老孔墨以後學派概論》、《先秦學術年表》以及《太古及太三代載記》、《春秋載記》、《戰國載記》、《志三代宗教禮學》等論著，從先秦社會史、政治史、民族史、學術史和學派專題研究等角度，進行了多方面的研究。這些研究不但為先秦思想史研究提供了堅實基礎，也使先秦思想研究本身更飽滿，更富有立體感。

一、國粹鉅子

梁啟超極其注重對中國宗法社會的研究。在《先秦政治思想史》中，他在《政治與倫理之結合》一章中專門探討了這一問題，在《中國文化史》中，又專有一章，論析《家族與宗法》，並製成了宗法圖一張。另有《志三代宗教禮學》一文，也以大量篇幅研究宗法制度問題。梁啟超指明：「天下之本在國，國之本在家。蓋古代組織國家之單位，非個人而家族也。家之積為族，家隸於族。族之積為宗，族隸於宗。宗族之積為國，宗族隸於國」。在「宗法制度下，小宗對於大宗，不敢自有其宗；個人對於宗族，不敢自有其身」，故而尊卑上下有序，「以教為政，以禮為法」，這抓住了中國古代社會本質特徵。梁啟超還認為儒教是以宗法制「復衍其法意」的產物，「鄉治」是宗法制「潛勢力」影響所在，也都是發人深省的宏旨高論。《中國文化史》是部未完的遺著，僅有《社會組織篇》一小部分稿，但立足於社會結構分析文化史的發展，真是發前人所未見，言前人所未言。

一九二二年，梁啟超發表了《中國歷史研究法》，一九二六年，繼之又發表了該書的補編。這兩本書專門討論史學理論和研究方法，是梁啟超創立的資產階級新史學成熟的標誌，也是梁啟超給中華民族奉獻的新國粹，而絕不是向舊史學的復歸。《中國歷史研究法》及其補編，系統地總結了中國舊史學的特點，全面地論述了歷史研究的目的、對象、範圍、功能和具體方法。它汲取了中國舊史學，尤其乾嘉史學的成果，同時又大

一、國粹鉅子

大地突破了它們的俗套與窠臼。同早年的《新史學》一樣，它們不僅是梁啟超史學理論的代表作，也是整個中國資產階級史學理論的經典之作，其劃時代意義是不言而喻的。

在這兩本書中，梁啟超繼續抨擊了舊史學的種種弊病，它迷戀權力，「死人本位」，傳播範圍狹窄，只為有權、有錢、有閒的貴族們服務。其內容蕪雜支離，缺乏系統連繫和理論分析，用大量無用的知識浪費人有限的精力，常常「強史就我」，把研究歷史作為達到個人目的的手段，作偽太多又不成體系。而且，把歷史研究看成「供吾目的之芻狗」，任意篡改的「惡習起自孔子，而二千年之史，無不播其毒」，使史書「訛奪滿紙」，既「難讀」，又「難別擇」，且「無感觸」，貧乏無味，少有價值可言。

梁啟超重新界定了史學的性質。史學是「記述人類社會賡續活動之體相，校其總成績，求得其因果關係的學問」，而史學的目的則在於「將過去的真事實予以新意義或新價值，以供現代人活動之資鑒」。為了實現這個目的，首要的前提就是要「求得新事實」，這就要求史家能夠摒棄個人的好惡與功利心，對歷史作客觀的研究，也即「為歷史而歷史」。而在儘量求得史實的本來面目後，就要力求發現它的新意義與新價值，實現「學以致用」，於社會活動和個人活動都能有所增益。梁啟超區分了研究本身的結果，與這種科學研究結果的社會功能，也指明了史家在治學過程中應持的客觀態度，以及在選題時和運用其研究成果於實踐需求時，所不可避免的功利行為。這一區分對於史家至關重要。

舊史學的服務對象，是帝王將相和士大夫，所以是帝王教科書；新史學的服務對象，是全體國民。它的任務「在使國民察知現代之生活與過去未來之生活息息相關」，從中獲取經驗教訓，完成「先民辛勤未竟之業」，是「國民資治通鑑」或「人類資治通鑑」。透過歷史研究成果和歷史知識的教育傳播，使人類文化的累積沉澱代代相傳。誠然，在階級社會中，歷史研究有階級性的局限；但另一方面，它在啟迪人的智慧、提高國民文化素養方面的作用，又確實具有社會性的共同特點。所以梁啟超的這一觀點，儘管不夠全面，卻不失其深刻睿智。尤其是他所說的史學應「為一般人而作，非為某權力階級或某智識階級而作，昭昭然也」，這一觀點，至今仍有十分進步的意義。讓史學走進廣大民眾之中，以訓練全民科學思維和識別機遇、把握未來的能力，仍然是亟待完成的任務。

舊史學的研究範圍囿於政治史，這種傳統由來已久，它使舊史學長期以來空洞無物，缺少創意。但長期以來，拘拘小儒們所寫的斷爛朝報式的歷史著述又浩如煙海，使史學研究無系統、無重點，而乾嘉考據的末流的繁瑣考證，空前加劇了這種混亂局

一、國粹鉅子

面。新史學則要將研究視野拓展到整個社會之中，但同時又要理出與社會現實需求相符的重點課題，以提高研究的科學價值和社會效益。梁啟超對中國史研究範圍的認識是：「一、說明中華民族成立發展之跡，而推求其所以能保存盛大之故，且察其有無衰敗之徵。二、說明歷史上曾活動於中國境內者幾何族，我族與他族調和衝突之跡如何，其所產結果如何。三、說明中華民族所產文化，以何為基本，其與世界他部分文化相互之影響何如。四、說明中華民族在人類全體上之位置及其特性，與其將來對於全人類所應負之責任。」梁啟超列舉了二十多個重大選題，內容涉及政治、經濟、階級、社團、法律、制度、民族關係、中外關係、人口、語言文字、宗教、思潮演變、文化傳播、藝術等眾多領域。這一概括和所列選題固然有其片面性，但與舊史學相較，已有天壤之別了。

梁啟超提出了史學研究的幾個理論原則。一是加強專題史的研究，並在此基礎上由史家合力著成新的通史。舊史學因古時「學問未分科，凡百智識皆恃史以為之記載。故史之範圍，廣漠無垠，積年愈久，為書愈多，馴至為一人畢生精力所不能殫讀」。讀舊史猶如沙裡淘金，「數斗之沙，得金一顆，為事既已甚勞，況揀金之術，非盡人所能。苟誤其途，則取沙棄金」。解決這一問題的途徑，就須解決史學內部的分工。只有「專門史多數成立，則普遍史較易致力」。治專史者不僅要有史學素養，而且要有深湛的專門學素養。在此基礎上，「聯合國中有史學興味的學者，各因其性之所嗜與力之所及，為部分的精密研究，而懸一公趨之目的與公用之研究方法，分途以赴，而合力以成」，新的通史才庶幾有望。根據社會日益複雜，學術研究日益發達的實際狀況，梁啟超提出的這一治史原則，本質上是對傳統研究體例與方法的根本性改革，是現代跨學科學研究究法在中國的最早萌芽，時至今日，也不能不算「特識」。

其二是英雄與時勢、歷史和個人的關係。梁啟超首先為英雄定義，他認為「以己身為犧牲，以圖人民之利益者」才可稱為英雄，這有進步意義，是梁啟超奉行民權主義的又一表現。但梁啟超以資產階級的英雄中心論，替代了舊史學的帝王中心論，「除出此百數十之英雄，則歷史殆黯然無色」。這使他難以看到群眾在歷史活動中的作用。在英雄與時勢關係問題上，他認為他們「互相為因，互相為果。造因不斷，斯結果不斷」。由此出發，他把英雄分為先時人物與應時人物，前者造時勢，後者時勢所造。這種觀點有相當的辯證因素。梁啟超同時還認定：「所謂大人物者，不問其為善人惡人，其所作事業為功為罪，要之其人總為當時此地一社會——最少該社會中一有力之階級或黨派——中之最能深入社會閫奧而與該社會中人人之心理最易相互了解者。」也就是說，

一、國粹鉅子

無論奸雄英雄，都不是以個人的資格而是以某「一階級或一黨派一民族一員的資格而有價值耳」。梁啟超稱這些於歷史有過重大作用與影響的人物，為「歷史的人格者」，他們是歷史主體的代表，其數量將隨著社會文明開化程度和民眾為社會主體的比例日益加重，經歷一個少—多—少的否定之否定過程。群眾作為歷史主體的人愈多，「英雄之權威愈減殺」。故而英雄的作用在古代較近代為大。梁啟超沒有區分歷史活動主體和個人創造歷史的主動性，是兩個不同的問題和概念，使這一理論有折衷主義和含混不清之嫌，但他的這些問題具有極其深刻的內涵，完全屬於很有新意的創見，卻是不應否定的。因為群眾雖然是歷史活動的主體，但每個人在歷史活動中的主動性和創造精神各有不同，在歷史上的作用和地位也因之不同，僅僅用一句人民群眾創造歷史，易流於簡單化。所以梁啟超的觀點，仍有著不可磨滅的價值。而且，尤其可貴的是，他能認識到：「凡一國之進步也，其主動者在多數之國民，而驅役一二之代表人物以為助動者，則其事罔不成；其主動者在一二之代表者，而強求多數之國民以為助動者，則其事鮮不敗。故吾所思所夢所禱祀者，不在轟轟獨秀之英雄，而在藝藝平等之英雄！」與其把希望寄託在一二代表人物身上，不如把希望寄託於國民整體素養和水準的提高上，社會進步才有保障。這段議論，在很大程度上已經突破了英雄史觀的局限，而又不同於流俗，把個人在歷史上的作用等量齊觀。梁啟超又打開了一個新角度，從群體和個體的關係及其作用上，把握歷史運動的走向和規律。

其三是人類歷史活動受人類心理支配，但其理想慾望，又「常為自然界所制限」。這種主客觀的衝突，「絕無必然的法則以為之支配」，而動機與結果，也並不一定相符。梁啟超無法解決歷史運動中偶然性與必然性關係，但他能夠看到歷史運動中的偶然性，並指出要注重對它的研究，在當時也要算明智之舉了。

其四是「天下古今從無同鑄一型的史績」，歷史研究不但要注意其個性，而且要善於「同中觀異異中觀同」。這是現代歷史比較法的萌芽，雖然原始粗疏，缺乏具體內容，但辟了新徑，則功不可沒。

其五是歷史是由人的活動組成，研究歷史要注重人類個人的和社會的心理活動，而且要特別注意這種心理的變化與變化趨勢。這種變化有突發性的、漸變式的，還有「潛伏以待再現」的。梁啟超視人類心理為歷史動力，對歷史運動機制是一種單一的、片面的曲解，但把人類心理活動及其變化的研究，作為歷史學的重要內容之一，卻是十分正確的。

其六是因果律在歷史研究中的運用。由於因果律的表現形式極為複雜，故而梁啟超認為它並不「絕對的適用歷史，或竟為不可能的而且有害的」。但梁啟超同時又認為，

一、國粹鉅子

歷史研究若不用因果律，就不能將研究成果系統化，並且「無以為鑒往知來之資」。為了說明這種矛盾，梁啟超除了提出上述原則以外，還特別分析了自然科學與歷史學的根本性不同點：自然科學的因果律常為反覆的、完成的，具有普遍性，並且超時空；歷史因果律則不然，常為一度的、不完成的、個性的，恆以時空關係為主要基件。而且，他還注意到「因果關係，至復賾而難理，一果或出數因，一因或產數果，或潛伏而易代乃顯，或反動而別證始明，故史家以為難焉」。

為了避免運用因果律可能出現的負作用，梁啟超對「治史者研究因果律之態度及其程式」作了幾條規定：一、「畫出一『史蹟集團』以為研究範圍」，也即確定研究對象的時空範圍；二、蒐集有關研究對象的各種史料並把握住整體脈絡；三、注意該研究對象與其他有關問題的相互連繫；四、注意研究對象中的主要代表人物；五、精研這類人物的個人特性與活動能量、作用方面與大小。

在歷史觀方面，梁啟超所主張並不遺餘力宣傳的是進化史觀、英雄史觀和心理決定論。他認為新史學的宗旨在「探察人間全體之運動進步」，「敘述人群進化之現象而求得其公理公例者也」。而歷史變遷的動力則來自於人類的「自由意志」，來自於社會心理組成的「心力」，尤其是個別大人物的「方寸之動」。梁啟超不懂得「自由意志」的產生和內容都受到了自然、社會、人文環境、時空條件等各種因素的制約，而社會「心力」則以一定的經濟的發展為基礎和前提，才能在歷史舞台上指揮各色人等的演出。梁啟超的歷史觀屬於唯心史觀範疇，但在當時，它們仍不失為變革改造舊史學的先進武器，以及營造新史學理論的支柱。

梁啟超也變革了史料觀。他認為，不僅古代的史部書為史料，「一切古書拿它當歷史讀，都是史料」。「何止六經皆史，也可以說諸子皆史，詩文集皆史，小說皆史」。梁啟超把史料分為文字記錄以外者和文字記錄者；積極史料與消極史料（正證與反證）；直接資料與間接資料等，且一一敘述了它們的特徵、價值判斷標準和作用，從而擴大了史料整理的範圍、種類，提高了它們的利用率。他提出注意蒐集「現存之實跡」、「傳述之口碑」、「遺下之古物」，指明在一般情況下，直接史料越近越可信，間接史料愈古愈可貴，都很有見地。他還詳細闡明了蒐集與鑑別史料的方法，其辨偽書的十二條與辨偽事的七條，以及證真書的六條，都是對乾嘉考據法的發揚光大。然而，與乾嘉學派不同點是，梁啟超不以具體的考證為目的，而是運用科學的實證法，達到研究「求真」的目的，並以此省其精力，以「專用……於思想批評方面」。此外，梁啟超除諄諄告誡史家要注意意外發現的新史料，還尤其強調要善於從不為注意的常見史料中，發現新問題。這種真知灼見，比起只知拾乾嘉學者唾餘而自詡的腐儒，不知高明多少倍。

對史家的四長：史德、史才、史學、史識，梁啟超條分縷析，增益了許多具體的要求。他還補充了組織與文采兩條，即史家在研究成果表述方面，要注意論著結構和文字語言的運用技巧，使文章條理清楚，布局合理，論證明確，文筆優美而文風有特色，這實質上就是要求史家提高自己的抽象思維和形象思維能力。

梁啟超系統總結了舊史學的各種體裁，並較為公正地評價了眾多史家在史學發展史上的貢獻。中國史學源流很長，歷史悠久，但能真正獨立成科的，首推司馬遷。作為史家千古絕唱的《史記》，其最大貢獻就在於能以社會史為主幹，而不限於帝王的譜牒學和墓誌銘。梁啟超還高度評價了劉知幾、鄭樵、章學誠的理論貢獻。在史學體裁中，梁啟超獨具慧眼，十分看重史評的作用，認為這是史學本身不可缺少的環節和內容，是促進研究深入開展，提高成果質量的有力手段，與現今某些學者認為史評不登大雅之堂的觀點相比，見識遠在其上。梁啟超自己還以大量篇幅，補充了人、事、文物、地方、斷代五種專史的寫法，而且非常具體和詳盡。

圍繞著新史學的創立，梁啟超對地理學、經學、諸子學、考據學、小學、音韻學、目錄校勘學、方志學、譜牒學、金石學、考古學，都在整理舊有成績基礎上，進行了認真的研究，提出了許多建設性的觀點，對這些學科的改造和發展，作出了卓著的貢獻。而這些成果，又紛紛成為新史學研究方法的源泉，為後人的研究開拓了廣闊的天地，也使自成一家的新史學的體系更加豐滿和嚴謹。

在地理學方面，梁啟超注意到地理對歷史發展的重大作用，而且引用了歐洲學者的地理環境決定論。他把中國文化概括為一種平原文明，認為中國文化的大一統特徵，政治上的封建專制極權主義，以及國民性的保守封閉，都是因中國版圖遼闊、交通不暢所致。這顯然很片面。中國南北差異，是由於河流東西走向所致，而美國的東西不同，則由河流南北走向造成。這些見解，都有前人未及的合理因素在內。因為河流走向，往往是造成自然環境重大變化的一個分界線。而各異的自然環境，對歷史發展的影響確實不同。而且，人類改造自然的能力越弱，對地理條件的依賴性也就越強。在歷史研究中引進地理因素的分析，可以使問題更加深入細緻，但把這種因素單一化、絕對化，則失之於偏頗，難免有陷入機械論之虞。儘管如此，梁啟超對這一問題連篇累牘地進行專題研究，仍然為一創舉。而且，梁啟超還專門分析了地理同學風之間的內在連繫，寫了《近代學風之地理的分佈》，首開地方文化研究的先河。顯然，梁啟超繼承發展了顧炎武等人的歷史地理理論，為歷史學開拓了又一個新課題，且有力地促進著地理學科中人文地理分支的崛起。

梁啟超對許多舊學的研究，都有突破性成就。他對諸子學的考據，就不是單純的訓詁，而是透過訓詁，明確表達自己的學術見解，這個特點於梁啟超非常突出。他對語言文字起源的研究，很是精深。他認為「文字之源，起於八卦」，坎離二卦的即為籀篆水火二字所本，一橫一縱，「象形字之所從出」。而乾坤二卦，以奇偶表陽陰天地概念，「會意字之所從出」。「此與巴比倫楔形文字異地同符」。其後中國文字形聲相益，書畫同源，獨具一格。中國文字結構的原則為指事、象形、形聲、會意，以定文字之體，而轉注則因一義多字「會其通」，可收統一文字之效，假借則因一字多義「濟其窮」，使中文自身有新陳代謝機能和涵納地方方言的作用。梁啟超指出：文字的統一，是春秋戰國時期國家日趨統一的重要因素，而秦朝一統政權的建立，又促成了書體的統一，進而增強了中華文化的同化力。在歷史研究的同時，梁啟超也用發展的觀點，對語言文字學作了理論性的概括和昇華。文字的發展同樣是歷史內涵拓寬的結果，所以對語言文字的研究，能成為歷史研究的工具。對金石的研究，梁啟超的著眼點也與眾不同。他不僅視其為可供觀賞的藝術形式，或值得研究的文化載體，更為重要的是，把它們看成透露著特定歷史訊息的見證。而目錄學在梁啟超手裡，則發展成他藉以建立近代圖書館學的重要科目和工具。

至此，梁啟超已不是一個逆時代潮流的復辟主義者，也不是一個泥古不化、只會舞文弄墨的腐儒，更不是一個只會俯拾西洋學說余緒、仰仗他人鼻息的買辦文人。他是整理國故的行家裡手，是其同代人中的國粹巨擘；他正是以他一代宗師的身分，打通了建設新國學的道路。

二、近代學術的開路先鋒

跟王國維一樣，梁啟超致力於哲學學科的建設，也付出過極大的心血與努力。他從西方諸哲和國學大師，尤其先秦諸子兩方面汲取營養。早年他如飢似渴地從康德、亞里斯多德、盧梭、史賓諾沙、孟德斯鳩等啟蒙學派那裡，學習西方近代哲學的基本理論構架與準則；晚年則更多從老子、孔子、墨子、王陽明、朱舜水、顧炎武、王夫之、黃宗羲、顏元、戴震、章學誠、魏源、龔自珍、康有為、譚嗣同、黃遵憲、夏曾佑等先輩和師友處，尋找信條與武器。遺憾的是，梁啟超在這方面的命運並不比王國維好。他始終未能找到自己的哲學立足點，至死也未能寫出一部皇皇巨著，使自己的哲學觀點系統化、理論化，成為一門獨立的學科。他的研究，只是一些不連續的思想火花，散見於他的浩繁著作中。

在本體論方面，梁啟超基本上屬於唯心主義體系。他對心物相互關係的答案是：「物者何？謂與心對待的環境。」「境者心造也。一切物境皆虛幻，唯心造之境為真實。」這很像是禪宗語言。但在實際生活中，尤其是學術研究上，梁啟超更接近於二元論者。他經常強調要把「所有物質的條件和勢力一概否認，才算徹底。然而事實上哪裡能做到？自然界的影響和限制且不必論，乃至和我群棲對立的『人們』，從我看來，皆物非心。」因此，縱然承認「心力是宇宙間最偉大的東西，而且有著不可思議的神祕性」，但「無論心力如何偉大，總要受物的限制，而且限制的方面很多，力量很不弱」。所以他「對於赫赫有名的唯心唯物兩派主義」，都下了「哀的美敦書」。梁啟超還一直承認環境是人類創造性活動的出發點，影響和制約著歷史的發展，英雄人物（包括惡勢力的代表）都是社會某種力量的人格化，思想家們是時代思潮的代表，而科學的第一要義就是求真，就是不斷去逼近和揭示客觀事物的真相與規律，這些精彩的論斷，又具有鮮明的唯物主義色彩。

在認識路線和思維方式上，梁啟超受到了唯意志論的心力至上的困擾，而且幾乎沒有過專門的論證，總是一鱗半爪，浮光掠影，頗為空泛淺薄。但他在許多問題上都閃現出辯證思維的睿智光芒，從而在識見上仍能高人一籌。他堅持世界上任何事物都在發展運動，只有動才是世界進步的原動力，故而認識也有一個相應的過程，其運動軌跡是一個由低到高的螺旋形上升曲線。他還強調要把握事物之間的相互連繫和相互轉化：「天下事理，有得必有失，然所得即寓於所失之中，所失即在於所得之中。天下人物，有長必有短，然長處恆以短處相緣，短處亦以長處相陌。」從社會看：「人群進化，級級相嬗，譬如水流，前波後波，相續不斷，故進無止境，即過渡無已時。」「一群之中，常有停頓與過渡之二時代，互起主伏。」他堅決反對孤立的靜止的觀點，因為凝滯就是腐敗滋生的溫床，他也堅決反對單一化和極端化的思路，他援引孟子的話說：「所惡執一者，為其賊道也，舉一而廢百也。」在其《中國歷史研究法》及其補編中，他一再說明學者在敢於堅持己見的同時，還要善於尊重和聽取不同的或反對的觀點。他從自己的學術實踐中，深切體驗到絕對化的思維方法會制約學術自由，從而堵塞學術繁榮之道。

　　人生哲學也是梁啟超經常研討的問題，其要旨歸納起來，不外自由意志，精神生活至上，「無我」，「唯識」，進取，自強不息。這種人生哲學主要源於儒教和佛教。其「無我」即佛教教義中的「五蘊（色、受、想、行、識）皆空」，一切都不過是認識主體自身心理活動的結果。它同自由意志、精神生活至上一脈貫通，並成為其「我不入地獄，誰入地獄」英雄氣概的哲學依據。梁啟超的人生觀昂揚著上升時期中國近代知識分子特有的戰鬥精神。不過，它同樣沒有演繹成一種嚴整的理論體系。梁啟超的哲學，不論是宇宙觀、歷史觀和人生觀，都充滿了自相矛盾，常常使得他自己也很難左右。一九二二年，他繼《中國歷史研究法》出版不到一年的時間，又發表了《研究文化史的幾個問題》，乾脆否定了歷史因果律的存在，認為歷史既是人類自由活動的結果，同歷史因果律所代表的必然就分別為兩個極端，有彼即無此。梁啟超把自由、必然以及自由和必然的關係，全都絕對化了。反對極端的梁啟超，這一次自己又走了極端。公允地說，在哲學學科建設上，梁啟超的貢獻和研究深度還不及譚嗣同，更比不上王國維。由於缺少足夠的哲學素養，他在這塊天地間的活動遠不如他在史學領域中那樣馳騁自如，那樣瀟灑不群。這也就是他的不少論著，雖然氣象發煌、壯思如雲，卻往往不及王國維的作品深邃雋永，饒有嚼頭的重要原因。當然，梁啟超畢竟是梁啟超，他的哲學研究雖建樹無多，但也不乏創見，如評儒家哲學本質是人生哲學，西方哲學旨在求知求智，東方哲學則在求解人之所以為人，以及人際關係相處原則即倫理學。又如說老子的「無」其實是「空」，故而才能有容乃大，而老子的貢獻則在他草創了一個規模宏大的哲學體系，等等。也有許多謬論，如把外王內聖歸進儒家哲學範疇，並以此證明儒學之博大精深，這就不倫不類文不對題了。

梁啟超還在批判揚棄舊道德的基礎上，率先探討了近代倫理學的建立問題。傳統舊道德的標準是封建的三綱五常，以適應宗法制度，尤其是封建專制集權制度的需要。梁啟超猛烈抨擊了這種道德標準，指出由它所陶冶出來的人，根本不懂近代國家為何物，缺少起碼的國民意識，因此不懂公德為何物。而且，由於專制政體之壓制、戰亂之頻仍、國民生計之窘迫、新學術之匱乏，造成人心淺薄，世風日下，「私德之墮落」，於當時達到了頂點。因此，建立新的道德規範，成為社會當務之急。

新的道德規範應包括哪些內容，梁啟超做了大量的研究工作。他變革了傳統的道德標準，指出公德不是對君主、對家族負責，而是對群體、對國家負起責任。梁啟超嚴正批判了只知獨善其身而不知報國報群的束身寡過主義，以及只知向社會要求權利而不盡義務的小人。講公德者，需要養成自尊進取的獨立人格，有國家思想，有權利義務思想，有政治能力和自治能力，敢尚武，能合群。而且，由於中國正處於社會轉型的過渡時代，國民，尤其是這一時代之英雄人物所最不可缺的就是冒險性、忍耐性、別擇性。因為在過渡時代，「必有大刀闊斧之力，乃能收篳路藍縷之功；必有雷霆萬鈞之能，乃能造鴻鵠千里之勢」，棄舊革新非得有膽力不可；而過渡時代阻力之多之大異於平時，「非有過人之忍耐性者，鮮有不半路而退轉者也」；至於別擇性，則因過渡時代可供選擇的道路最多，情況也最為複雜，必須善於抉擇。

梁啟超指出，傳統的儒家道德及其教育，都側重於私德，而這種以「三綱五常」為依歸的私德，與近代的公德觀念不相干，甚而背道而馳，有害無益。因此，「宜縱觀宇內之大勢，靜察吾族之所宜，而發明一種新道德，以求所以固吾群、善吾群、進吾群之道，未可以前王先哲所罕言者，遂以自息而不敢進也」。梁啟超主張用歐美的資本主義道德觀改造傳統的舊道德。然而，令他大失所望的是，這種移植的結果竟會適得其反，這些學說「一入中國，遂被其偉大之同化力汨沒而去」。那些受舊傳統影響最深的人，「以最新最有力之學理，緣附其所近受遠受之惡性惡習，擁護而灌溉之」。梁啟超絕望慨嘆之餘，只好重新去求救於「吾祖宗遺傳固有之舊德」，至於「求泰西新道德以相補助」，只能「必俟諸國民教育大興之後」。他提出的鑄治私德的良方是儒家的「正本」、「慎獨」、「謹小」，又回到了老路。

對於倫理學的理論建設，梁啟超卓有貢獻。他認為道德的起源是為了「利群」，而且，因其群文野之差等，而其所適宜之道德，亦往往不同，而要之以能固其群、善其群、進其群為歸。而「德也者，非一成不變者也，非數千年之古人所能立一定格式以範圍天下萬世者也」。梁啟超已經清醒地認識到，道德是一個社會的、歷史的範疇，道德的內容規範與價值判斷標準都以社會需求、社會進步為準則，它隨著社會的變遷而相應變化。「道德之精神，未有不自一群之利益而生者。苟反於此精神，雖至善者，時或變為至惡矣」。他認為這正是道德的本原。道德的作用，還將受到民眾信仰、社會法製程度、公眾輿論的制約和影響，沒有這三種力量的強制性配合，新的道德觀念很難立足。再有，一種優良的德性，往往由兩個對立的方面相互作用而成，如獨立與合群、自由與制裁、自信與虛心、利己與愛他、破壞與成立等。這些崇論宏議，並不亞於歐洲啟蒙思想家的同期水平。

梁啟超的理論也有嚴重缺陷。在階級社會，群也是要分為階級的。利群往往是利統治階級的利益。有鑒於此，梁啟超的道德本原說不夠全面，也不夠科學。這種情況下的「固吾群善吾群進吾群之道」，不是維護大多數人（更不可能是全民）的利益，而恰恰是以犧牲他人利益作為代價。再則梁啟超的道德至上論的傾向也很突出，儘管他在現實面前已經多次碰壁，而且也深切地感受到了，在一個腐敗已久的社會裡，不可能有健全的道德和健全的民風，但他卻仍然未曾下決心，去清除泛道德論在他身上的流毒。

梁啟超的道德學說，還有明顯的二元論色彩。他一方面承認道德是社會的產物，其內容是為公眾所共同認可並遵守的個人與個人之間、個人與群體之間、群體與群體之間相處的關係準則；而另一方面，他又認為道德是個人自由意志的結果。梁啟超認為道德規範不可能一成不變，但又斷言道德本無新舊可言，「若夫忠之德愛之德，則通古今中西而為一者也」。這裡，梁啟超由於哲學素養的限制，在學理上有個致命的謬誤，進而加劇了他的這種理論混亂。他把倫理學與倫理關係混為一談，認為「道德可以包倫理，倫理不可以盡道德。倫理者或因於時事而稍變其解釋，道德則放諸四海而皆準，俟諸百世而不惑……故謂中國言倫理有缺點則可，謂中國言道德有缺點則不可」。實際上，道德說為倫理學一部分。且道德既為個人處世和社會人際關係之準則，則倫理關係的變化，必然引起道德規範的相應變化，所以道德不可能「包倫理」，也不可能亙古不變。晚年的梁啟超，轉而強調道德的「永久性」、「對等性」，失去了當年銳意革新的勇氣，也開始仰仗儒家老先生們的鼻息了。

在創立資產階級道德學說的過程中，梁啟超研究了傳統文化，尤其是儒家學說中大量有關倫理學的資料。除痛批「三綱五常」、「三從四德」等封建糟粕，對孔子的「仁」、老莊的「返樸歸真」、墨子的「兼愛非攻」、孟子的「性善」、荀子的「性惡」、以及王陽明的「良知」、黃宗羲的「守約」、顧炎武的「行止有恥」、王夫之的「風骨氣節」、顏元的「躬行實踐」，他很推崇。其重要原因，就在於這些學說中，有中華民族「能自立自重以見重於天下」的積極內容，即「養成人格之教」者。從這個角度，梁啟超對舊道德的確多有溢美之詞。但梁啟超嚴正聲明：「吾輩自昔固汲汲於提倡舊道德，然與一年來時流之提倡舊道德者，其根本論點似有不同。吾儕以為道德無時可以蔑棄，且無中外新舊可言，正唯傾心新學新政，而愈感舊道德之可貴，亦正唯實踐舊道德，而愈感新學新政之不容已。」從而明確地與復古派劃清了界限。

梁啟超還對民初提倡舊道德一時甚囂塵上的現象，作了清醒的剖析，指出這是由那些「不喜之新學新政」的守舊派，「欲挫新學新政而難以質言……假道德問題以相壓迫」的一種手段。他們以為「天下擾擾」，是由於新學人士「興風作浪造謠生事」而致，而「吾國自有所以善治之道，可以無所待於外」。這些見地「展轉謬演」，造成兩種輿論，一是「新學新政之為物，恆與不道德相緣」，二是「道德論與復古論相緣，凡倡道德，皆假之以為復古地也」。梁啟超結合當時中國的實際情況，從理論上分析了這兩種論調的荒謬與危害。他指出社會道德的淪喪源於那些「侈然儼以道德為其專賣品」的守舊者流，他們與老官僚老名士「儼成三位一體之關係」，煽起復古論之狂焰。他們

「開口孔子，閉口禮教，實則相率而為敗壞風俗之源泉」。因為「中國近年風氣之壞，壞於佻淺不完之新學說，不過十之二三；壞於積重難返之舊空氣者，實十之七八」。尤其壞於「居津要之人」的種種惡行，壞於他們的戀舊思想。這些人與清廷一樣，「其本不改新，而徒以大勢所迫勉趨於新，雖勉趨於新，而於新之性質新之價值實未有所了解，常以戀舊之精神牽制於其間，故新與舊之功用兩相消，進退失據而一敗塗地」。改革時代新舊道德嬗替期，經常出現風俗敗壞的情況，其原因何在？梁啟超的研究心得提供了部分答案。這些觀點切中時弊，不僅在倫理學，而且在社會學、政治學方面，都有相當的參考價值。

宗教，尤其佛學，也是梁啟超重點研討的學問。中國士大夫，特別是近代改良派都與佛學結下過不解之緣。早在甲午前後，梁啟超就在康有為、譚嗣同、夏曾佑等人的影響下，篤愛佛經，經常相互研討其教文。得到一部《成唯識論述記》，夏曾佑「看見了歡喜得幾乎發狂」，梁啟超之欣喜想來也不會相去幾多。佛學的眾生平等，維新派援引過來，作為西方資產階級平等自由學說的又一根據。佛學的齊生死，無我，很為維新派們張膽力，壯行色，堅其捨身飼虎之志，增其捨我其誰之概。一九〇二年，梁啟超發表《論佛教與群治之關係》一文，以佛學為最高信仰，贊其「積真智求真信」「乃智信非迷信」，「主兼善而非獨善」，「乃入世而非厭世」，能求知求信於無量而非有限，主平等，主自力，故大「有益於群治」。佛教在梁啟超心中，不僅代表著一種信仰，更代表著一種「廣矣、大矣、深矣、微矣，豈區區末學能窺其萬一」的學問。

一九二〇年以後，梁啟超開始系統地研究佛經，並撰有三十萬言的佛學論文。他親自考據註釋了一些重要的佛家經典，如《四十二章經辯偽》、《牟子理惑論辨偽》、《漢明求法說辨偽》等；又寫了大量文章論證佛學的起源及其在中國的傳播發展史，如《印度佛教概論》、《佛教之初輸入》、《佛教與西域》、《佛教教理在中國之發展》、《中國佛法興衰沿革記略》等。

梁啟超的佛學研究，有相當精深的造詣，基本上從積極的方面加以了運用。他對佛學中禪宗一派的精神，研究得頗為透徹，所謂「一切物境皆虛幻，唯心所造之境為真實」「三界唯心」。若為心造之境而「擾擾焉遂一生於驚喜憂樂之中」，是「知有物而不知有我，謂之我為物役，亦名曰：心中之奴隸」。用禪宗的「三界唯心」去激發國民拋棄奴性，衝決封建羅網，真是近代維新派對佛學的革命性改造。梁啟超還酷愛法相宗的唯識論。在《說無我》一文中，他以簡練的語言，從哲學的高度，對唯識論作了扼要的分析，運用大乘教義中關於「五蘊」的理論概念和心理分析方法，說明「意識活動之過程」，以及為什麼人的一切行為乃至人本身，都只是「識」也即「心」的產物。在《佛教心理學淺測》一書中，梁啟超立場更為徹底，不但「一識蘊即可包五蘊」，而且「五蘊皆空」。梁真可謂得了禪宗六祖慧能的真傳，「本來無一物」，連心也不存在。這真算不折不扣的無物和無我了。而這種無我論及隨之而來的解脫，的確可以對維新志士造成昂揚鬥志、激發士氣的作用。梁啟超認為佛教在心理分析上有極高的成就。而且，佛教對訓練人們的認識能力，促進「語法及文體的變化」，提高中國文藝創作水準，都影響甚巨。在促成和加深中原與西域、中國與印度之間的文化交流方面，也均有積極的作用，這評價並不為過。在佛教史的研究中，梁啟超也多有心得，如認為佛教在中國的幾次大興，都同戰亂頻仍，割據紛然，社會秩序不安定、人心惶惶的情況有直接關係；而另一個重要原因，就在中國士大夫階層對它很有興趣。這基本上符合事實。任何時候，宗教除了是統治階級麻醉群眾的鴉片以外，同時也是在人們找不到出路而迷茫惶惑時，所尋找的精神平衡器與道德淨化劑，以及感情寄託所在。在一個動盪不已或世風淺薄的社會中，尤其如此。

不言而喻，梁啟超是個唯心主義者。他對佛教頂禮膜拜：「佛教是建設在極嚴密極忠實的認識論之上，用巧妙的分析法解剖宇宙及人生成立之要素及其活動方式更進而評判其價值，因以求得最大之自由解放而達人生最高之目的者也。」其讚美詞固然說中了佛教在認識論，尤其是心理分析方法的長處，但吹捧得實在過了頭。而我們也不能因之否認梁啟超於佛學研究方面的貢獻。更不能因為佛教具有唯心論和迷信性質，就認為它沒有學問可做。只要還有自然之謎和人生之謎尚未解開，就有可能有人到宗教中去尋求答案。反過來，在尋求這些問題的答案的過程中。一方面是宗教愚昧窒息人們的才智，另一方面，是部分學術成果的沉澱和累積。後者同樣是人類文化寶庫中，一筆重要的歷史遺產。包括佛教在內的所有宗教，作為一種宗教，人們有選擇信與不信的自由，也有選擇如何評價其是非高下的自由。而作為宗教文化的整理者和研究者，梁啟超的工作無可厚非，後人不應過分苛求，更不必大張撻伐。

梁啟超還是近代新聞學、教育學的奠基人。若論在這兩門學科建設上的理論貢獻，梁的同代人與他相比，無出其右。

在新聞方面，梁啟超是第一個系統論證報刊性質、特點、作用、評判質量標準、新聞工作者自身的素養與要求等重大理論問題的人，也是第一個自覺地將這些理論中有關原則付諸實踐的人。從一八九五年創辦《中外紀聞》開始，他終生都在為新聞事業奮鬥。

對報刊的性質，他一語蔽之：「去塞求通。」用今天的時髦語言來翻譯，就是報紙要溝通各方訊息，不使之隔絕。梁啟超把報紙比做社會的耳目喉舌，也即蒐集和傳播訊息的工具。兩句話結合起來看，報紙是一種大眾傳播媒介。

報刊的特點，梁啟超認為有以下幾點，它們散見於他的論著與演講中，不過含義十分明確。

◆ **真實性**：也即梁啟超所說的「直道」、「真誠」，能夠「有柔也不茹，剛亦不吐，不侮鰥寡、不畏強禦之精神」，切不可「一遇威怵，則噤若寒蟬」。「虛偽之輿論，未有能存在也」。

◆ **時效性**：新聞必須及時，否則就不成其為新聞，所以應不惜「費重資求一新事」。

◆ **公正性**：也即「公心」「節制」。梁啟超認為，新聞報導不能以個人所好惡作標準，「然後天下之真是非乃可見」。不要「懷挾黨派思想，而於黨以外之言論舉動，一切深文以排擠之」；「於政府之設施，不問是非曲直，不顧前因後果，而一唯反對之為務」。不可感情用事，「故作偏至之論」。

◆ **知識性**：在梁啟超所有經辦的報紙中，其宗旨都有灌輸常識，增長學識，發展學術。報紙其實就是一座社會大學。

對報刊的作用，梁啟超看得至重。他率先認識到報刊是一個社會輿論機關，「對於政府而為其監督者」，「對於國民而為其嚮導者」。而且，對報刊而言，一般是民意的代表。對維新派來說，報刊還有下列作用：它「浚牖民智，薰陶民德，發揚民力，務使養成共和法治國民之資格」。不僅如此，從一開始，梁啟超就把辦報作為廣求人才、廣結同志的途徑。長期以來，報刊一直是維新派的得力鬥爭工具，故而梁啟超曾公然承認所辦的《清議報》「在黨報與國報之間」。而《新民叢報》則「可為吾黨一生力軍」。由此可見，報刊是維新派的理論基地和人才基地。

如何評判報刊的好壞？梁啟超提出了四條標準：「宗旨定而高」、「思想新而正」、「材料富而當」、「報事確而速」。根據他自己多年的切身經驗，對如何辦好報，他也總結了八條：「忠告」，即政府或國民離軌時應盡力規勸；「嚮導」，即循循善誘，耐心引導；「浸潤」，即宣傳持之以恆，潛移默化；「強聒」，即反覆宣傳，再三以續；「見大」，即宣傳有重點，分清主次；「主一」，即宗旨如一，貫徹始終；「旁通」，即資料豐富，供讀者思考餘地大；「下逮」，即適合讀者知識水平。對新聞工作者素養，梁啟超根據新聞的特點，提出他們必須具備常識、真誠、直道、公心、節制五項基本功，做到「先自識途至熟，擇途至精」，方能透過報人的努力，完成輿論之母、無冕之王的任務。

梁啟超還有一個可貴的思想，即主張報刊應有不同種類、不同層次、不同宗旨，只要有利於國民之最大多數，就不必去強求一律。「閱報愈多者，其人愈智；報館愈多者，其國愈強」。「思想自由，言論自由，出版自由，此三大自由者，實唯一切文明之母」。

以今日而言，梁啟超的新聞理論，顯得十分幼稚。他對新聞業務活動本身的內容，如題材、體例、採訪、編排、印刷出版、經營等，幾乎沒有論及。對新聞的作用，誇大其詞到荒誕不經的地步：「報館者，能納一切，能吐一切，能生一切，能滅一切。」但以當時而論，梁啟超作為近代新聞學的始祖，了一確二，無可置疑。

教育學同為梁啟超畢生致力的重點學科。梁啟超對教育學的貢獻，主要在變革傳統教育的體制、內容和教育方法上面。梁啟超認為，「教育之本旨，在養成國民」。教育的目的很明確。在這方面，梁啟超特別強調愛國主義，強調公德的灌輸。而智育方面，他強調學習西方的新理新知，包括自然科學常識在內。不過，梁啟超批評當時學校的教育，於德育「太籠統」，於體育「太狹隘」，故而主張改成知育、情育、意育，做到孔子說的「知者不惑，仁者不憂，勇者不懼」。說穿了，梁啟超的教育方針是要求學生有獨立思考能力和完善健全的人格。前者靠獲取的常識知識，特別是經過訓練得到的總體智慧來實現，這也就是智育的含義；後者則需要進行情感教育和意志磨練。梁啟超的這一觀點確有超階級之嫌。然而，教育作為人類實現現代化的最重要手段，除了階級性（只限於階級社會中，而且不同社會、不同時期其程度也不同），還有社會性。就社會性而言，對學生「精神方面力求人格之互發，智識方面專重方法之指導」，從培養人才的角度看，還是抓住了要害。所以，對梁啟超的這種觀點不可忽視，反而值得我們細細回味。

梁啟超特別重視小學義務教育。教育的規律是循序漸進、打好基礎。針對中國「財政極窘」之現實，在綜合歐美與日本等國經驗的基礎上，梁啟超提出由政府監督，行政立法，將實行小學義務教育等同「養成地方自治之風」，透過民間集資自辦教育。為此，梁曾擬「專成一書，以供當道採擇」。梁啟超對女子教育、師範教育、專科教育也很關注，研究心得中也屢有涉及。除此以外，梁啟超十分注意科學精神和美育在教育中的作用。科學精神不是科學知識的拼湊羅列，而是求「真知識」，求「系統的真知識」，求「可以教人」的真知識，說得出為什麼的真知識。只有知其然還知其所以然的真知識，才能讓我們的學問獨立於世。而美育則可培養學生的高尚審美趣味與情操，讓生活藝術化趣味化，快快活活，生氣勃勃。在教學活動中，他主張啟發式和討論式，並充分運用批閱札記、師生間書信往返、課餘問答、專題演講等方式，和學生平等地交換意見等多種方法，啟發學生的智慧，給他們打開知識寶庫的鑰匙，而不是強行灌注給他們。這些學術成果，和他的教育實踐相輔相成，互為呼應。他和王國維、陳寅恪作為清華三璧，是最受廣大學子敬重和歡迎的先生。

結合青少年的發育情況和心理特點，梁啟超還作了一個教育期區分表。今日看它已十分簡陋，甚至被譏笑為淺薄，但在當時，不論是研究方法還是成果，都屬開風氣之先。此外，他還作了個教育制度表，可略窺他對教育體制改革的大致設想。

身體一歲前後乳齒生，習步行，學言語，始與他動物全別，具人類之特性，有營養之求，有慾望之起，感覺之力漸臻敏捷此期之始，腦髓稍堅，能就一定之課業，身體發育之盛在於此時此期之始，性慾萌芽，體格漸成大人之型，音聲一變，其自身體所起之慾望較前期益發達體格已定，全為大人之型知感覺知識之動機極為銳敏記憶想像之動機最強，其推理也每有持一端以概全體之弊前半期偏於想像，後半期長於推理推理之力漸強，能尋求真理，自構理想情其感情皆起於感覺恐怖之情甚強情緒始動前半期雖動於情緒，後半期則情操漸發達情操發達意只有感覺的意志前半期只有感覺的意志，後半期漸入於悟性的意志前半期只有悟性的意志，後半期漸為理性的意志理性的意志發達自觀力未自知有我純然沌渾未鑿境界模仿長上而好自屈，漸欲通己意於人，我相之觀念始生前半期我相之觀念益強，幾知有我不知有人，後半期始認他相，知人我協同之為急成自治之品性，且能人我協同，成為一群內之我近代文學語言方面，梁啟超也系學科帶頭人之一。他與黃遵憲、夏曾佑等人一起發動了「詩界革命」。梁啟超不僅鼓吹有力，而且佳作頗多。他的詩歌成就不如黃遵憲、蔣智由，但一掃詩界靡靡習氣，或者懸河瀉水，氣勢磅礴；或者清新喜人，親切有味。前者如《去國行》：「嗚呼，濟艱乏才兮，儒冠容容。佞頭不斬兮，俠劍無功。君恩友仇兩未報，死於賊手毋乃非英雄。割慈忍淚出國門，掉頭不顧吾其東……吁嗟乎，古人往矣不可見，山高水深聞古蹤。蕭蕭風雨滿天地，飄然一聲如轉蓬。披髮長嘯覽太空，前路蓬山一萬重，掉頭不顧吾其東。」後者如詞《好事近．代思禮題小影寄思順（滑稽作品）》：「昨日好希奇，迸出門牙四個，剛把來函撕吃（事實），卻正襟危坐。一雙小眼碧澄澄，望著阿圖和。肚裡打何主意，問親家知麼？」這兩首詩詞，一首節奏鮮明，感情奔放；一首生動活潑，幽默滑稽。顯然，維新派詩人們的這些作品，是從舊體詩詞向自由體新詩過渡的橋梁。

梁啟超還寫了不少小說，如《新中國未來記》、《十五小豪傑》、《新羅馬傳奇》等。不過，他在這方面成就不高，過於政治化。但梁啟超是一個傑出的文藝理論與評論家，他寫了許多這方面的論文，其中《論小說與群治之關係》和《飲冰室詩話》為其代表作，在當時產生了巨大的社會影響，黃遵憲曾為之拍手叫好。由於學者們對此分析已很多，本書不再贅述。梁啟超在整理光大中國文學遺產上，也苦心經營，付出了許多心血。他寫了《辛稼軒年譜》、《陶淵明》，又註釋《桃花扇》，還對《水滸傳》、《金瓶梅》、《紅樓夢》等巨著，發表了不少一家之言。

散文是梁啟超的「神技」。一篇《少年中國說》，多少人醍醐灌頂，站起來拍案叫絕！「紅日初升，其道大光；河出伏流，一瀉汪洋……天戴其蒼，地覆其黃；縱有千古，橫有八荒；前途似海，來日方長。美哉我少年中國，與天不老！壯哉我少年中國，與國無疆！」而一篇《祭蔡松坡文》，令人肝腸寸斷，淚不自禁。「君自從我甫總角耳，一彈指而二十年於茲。長沙講舍隅座之問難，東京久堅町接席之笑語，吾一閉目而暖然如見之。爾後合併之日雖不數數，然書札與魂夢日相濡沫而相因依。客歲秋冬間，滅燭對榻之密畫，與夫分攜臨岐之決語，吾蓋永刻骨而鏤肌。三月以前，海上最後之促膝，君之喑聲尪貌與其精心浩氣，今尚彷彿而依稀。吾松坡乎，吾松坡乎，君竟中道棄余而君且奚歸……心香一瓣，淚灑一卮，微陽麗幕，靈風滿旗，魂兮歸來，鑒此淒其。」真是生也依依，死也依依。他的文章「條理明晰，筆鋒常帶感情，對於讀者，別有一種魔力」，「學者競效之，號為『新文體』」。

在政治學建設方面，梁啟超尤為嚴整。除了前面已介紹過的國家學說，還有民權學說、政黨學說、法制學說，以及民族學和國際政治理論。

梁啟超民權學說的主要內容：其一，他援引進化論論證了民權代替君權，是世界發展的大勢，也是中國發展的必然結果。其二，他援引資產階級「自由」「平等」「博愛」和「天賦人權」學說，論證了民權學說是社會進步的動力和保障，興民權才是立國之本。「國者何？積民而成也。國政者何？民自治其事也。愛國者何？民自愛其身也」。其三，針對中國的實際情況，興民權須從尊君權、興紳權開始，逐步過渡到歐美體制，實現立憲政治。其四，民權勃興，「舍新民無由」，這是一個十分艱難的過程。為此，梁啟超孜孜不倦，做了大量理論建設和學術研究工作，寫出了《新民說》等重頭論著。

梁啟超的民權學說中，有十分深刻的內在矛盾。他一面斷言「民權興則國權立，民權滅則國權亡」，一面又強調今日尊皇為第一義。一面宣揚自由，一面高喊服從，莫衷一是。這是時代的悲劇，也是梁啟超個人的悲劇。他雖然清醒地認識到「嚴政府與國家之別」，同時又因種種原因，把無望之清廷當做國家代表。這種矛盾使梁啟超「始終抱定此議（倡民權——筆者注）為獨一無二之宗旨」，在實際生活中不能不大打折扣。還有一個深層原因，則源於梁啟超對革命和革命派的偏見。他懼怕革命打破社會秩序，失去發展生產的條件和機遇，失去資產階級的既得利益；再則他分不清無產階級和無業游民的界限，從而認為革命就是「痞子運動」。當然，梁啟超對中國由來已久的流氓無產者的破壞性之大，感到憂心忡忡，卻是不無道理的。

梁啟超對政黨理論也有所建樹。他指出政黨是近代政治的產物。「在專制政體下，決無容政黨發生之餘地。政體既歸宿於立憲，則無論其國體為君主為共和，皆非藉政黨不能運用」。但政黨政治，又只有立憲政治才能給予其活動以法律的保障，二者互為依歸。梁啟超還分析了政黨與古代朋黨的區別，還有同會黨的關係，由於當時各政黨素養差，成分複雜，政黨機制不健全，常有朋黨和會黨習氣，前途未可樂觀。歐美的政黨政治，也多有流弊，對此，梁啟超也作了尖銳的批判。

法制建設也是梁啟超研究的重點。其特色是：鼓吹三權分立理論，要求司法獨立，立法權還於大多數國民，政府只管行政；憲法為國家根本大法，動員多數國民參加動議制憲；區分政府行政命令與法律區別，增強民眾法制觀念，廣泛開展法制教育。

對於民族理論的研究，梁啟超功勛卓著。他提出了嶄新的民族主義觀念。民族主義「合吾民族全體之能力」，去與列強「相埒」，爭取國際地位的平等，自立於世界民族之林。但是，「凡一國之能立於世界，必有其國民獨具之特質，上至道德法律，下至風俗習慣、文學美術，皆有一種獨立之精神……斯實民族主義之根底源泉」。這就必須行「新民之道」，改造國民性，其途徑「一曰淬礪其所本有而新之；二曰採補其所本無而新之」。把民族主義、愛國主義、近代啟蒙運動和國民性批判有機結合為一體，是梁啟超政治學說中的精華。梁啟超的這一理論，有很高的學術價值和借鑑意義。

梁啟超對中華民族內部民族關係及其發展史，也進行了認真的研究。中華民族從來就是一個多民族衝突融合而成的結果。梁啟超的民族主義包括滿族在內的少數民族。把滿族與清政府區分開，至當不易，不愧是南州冠冕。

同民族主義理論直接相關，梁啟超對帝國主義有相當清醒的認識。早在《新民說》和《論民族競爭大勢》中，他就已較為準確地概括了帝國主義的主要特徵：壟斷、金融寡頭、資本輸出、國際壟斷同盟、瓜分世界，他都已有所論及，雖然缺少系統的分析和論證，但在當時正屬鳳毛麟角。一九〇三年，他寫了一本專著《二十世紀之巨靈托拉斯》，研討了「托拉斯」在美國獨盛的原因，及與帝國主義之關係，從經濟結構的角度，對壟斷產生的原因和表現形式，有了更進一步的認識。

梁啟超的學術成就是多方面的。取得這樣巨大的成就，於他而言，並非偶然。他所研究的學問，都與維新救亡、立憲變革有一定的關係，是「新民」之所需。社會的需求

二、近代學術的開路先鋒

成了他治學的原動力，而這些研究成果反過來，又進一步堅定了他的匡國救時志向，使其愛國心的源泉能夠汩汩而來，怒其濤，揚其波，匯成河。梁啟超自己則蹈揚張厲，夙興夜寐，筆耕不輟。他經常每天要寫上五六千字，工作量驚人。這種執著的精神和追求，於今仍值得學習。

梁啟超中學功底深厚，西學知識也遠較同代人豐富得多。他很注意研究資料的累積和研究成果的創新，不因襲，不守舊，做學問時力求態度客觀，並問清楚為什麼，有科學的精神以及比較科學的方法，從而得到突破性的成果。

梁啟超精力過人，聰穎異常。他知識淵博，涉獵面廣，以致舉一反三，觸類旁通。這也是他經常有所創新的原因之一。他才華橫溢，文思敏捷。《清代學術概論》，本是一篇為蔣百里的《歐洲文藝復興史》所寫的序文，但僅幾天的工夫，他就一氣呵成寫就了六萬字，最後成了中國學術史上的奇作和力作。

梁啟超閱歷豐富，勇於實踐。以教育而論，時務學堂、大同學校，都留下了他的汗水和足跡。晚年講學，也總是兢兢業業，毫不馬虎。僅一九二二年四月至一九二三年三月，他輾轉於京滬線上北京、天津、濟南、南京、蘇州、無錫、上海以及南通等地，巡迴講學，風塵僕僕，卻無所怨言。這種頑強的工作態度，也是治學成功的一個保證。而人生經驗的豐富，勢必促進眼界和胸襟的開拓，促進對許多問題的深刻理解。

梁啟超晚年的學術成就最為突出，這同他回到嚮往多年的校園裡，有了一張平靜的書桌，能夠集中精力和時間，殫精竭慮，有莫大關係。不過，另一方面，二十餘年的國事奔波，飽經的滄桑和坎坷，經過總結之後，又會變成無形的財富，促成他對許多學術問題茅塞頓開。

從總角時代開始，梁啟超就廣交了一批又一批的師友。他們中的不少人都是中國學界之佼佼者。梁啟超經常同他們相互砥礪，切磋學問，使自己集思廣益，學業精進。在這一點上，梁啟超也得天獨厚。梁啟超還善於提掖後進，在清華執教時，他每週五、週六下午，都留兩小時給學生上門訪談。與學生的交往，對梁啟超保持敏銳的頭腦，也大有裨益。

就像梁啟超在政界時，從不忘忙裡偷閒，堅持讀書一樣；梁啟超回到書齋後，也時不時會萌發出山之念。但是。他既未能去當什麼走第三道路的政治領袖，也沒有來得及使他的《中國通史》、《中國學術史》等計劃中的著作同世人見面。一九二四年，夫人李蕙仙與世長辭。一九二七年，康有為病逝，王國維投昆明湖自殺。一九二九年一月一九日，梁啟超也因病救治無效，在協和醫院溘然長逝。

第五章　千秋功過誰予評說

一、蓋棺尚未論定

長期以來，梁啟超作為一個政治人物，在歷史學家筆下褒貶不一，眾說紛紜。評價比較肯定的時期，只有戊戌變法那一段短暫的生涯。儘管三十年代至四〇年代期間，李劍農、郭湛波、李平心等史家，慧眼過人，指出梁啟超在《新民叢報》時期，對中國啟蒙思想解放運動造成了積極的作用，但都限於一般評述，未能深入全面地剖析。

隨著改革開放的深入發展，史學領域也發生了許多重大變化。對梁啟超的傳統評價，李華興、劉振嵐、鐘珍維以及筆者等多人，都提出了不同意見，並引起了一定的反響。這些研究成果，集中於梁啟超的政治活動與思想成就，對其學術生涯與評析，則缺乏系統的研究，僅在其史學領域的研究活動方面，有比較深入的闡發，但對其後期的國粹主義史學，也基本上以否定為主，認為是其思想倒退、復歸甚而封建學術思想復辟的表現。

當然，同對梁啟超的政治評價相比，對梁啟超學術成果的評定，還算差強人意。不少人公認，梁啟超的學術研究，很有「百科全書派」的眼光和氣派。鍾珍維、萬發雲認為，「梁啟超在政治、經濟、哲學、史學、文學、法學、宗教、藝術等各方面，都發表

一、蓋棺尚未論定

過許多精湛的意見」，其史學研究，尤有「獨創性」。孟祥才也高度讚揚梁啟超有「淵博的學識和高超的手筆」，其「先秦思想史的研究……取得了較大的成就」，《清代學術概論》和《中國近三百年學術史》，「氣勢非凡」，「內容充實」，「是梁啟超學術論著中的佳品」，《中國文化史》、《中國歷史研究法》，也都有一定價值。但是，同梁啟超的實際貢獻相比，許多評價仍有失公允。梁啟超的學術成就，不限於整理了一批國故，不限於發表了一些意見，不限於撰寫了幾本有價值的專著，而在於他是近代學術理論的肇始人，是近代政治學、史學、財政學、文學、新聞學、教育學等多門新學科的帶頭人，他為舊國學轉向新國學起了關鍵性的橋梁作用，為中國近代社會科學、人文科學的基本構架的設置和初步體系的創立，立下了不可磨滅的汗馬功勞。他所涉及的學科範圍之廣，理論剖析程度之深，創意之新，影響之鉅，在近代學術史上，均在時人之上。

本來，史家並非某位歷史人物或家族的史官，沒有為其爭地位高下的義務；史家也不是聚義廳上的簿記員，負責記錄梁山好漢的座位名次。只是由於歷史人物的活動及其評價，往往直接顯示著他所活動的那一時期的社會脈絡及其活動軌跡，對其活動的評價，也就直接反映著時人和後人的價值取向。透過這些評價，可以看到史家個人歷史觀和研究方法正確深刻與否，並關係到後人對歷史經驗教訓的總結和選擇，是否客觀和明智，是否有益於社會進步。梁啟超在近代政治史、學術史上的身分都舉足輕重。對他的評價，牽涉到中國近代政治、經濟、思想、文化、學術以及知識分子研究等諸多問題及其有關的一系列重大理論原則，因此不可不明、不可不辨。屈指算來，梁啟超逝世已經數十年，而他至今仍未能蓋棺論定，固然反映了梁啟超作為一個有爭議人物本身的複雜性，同時也反映了中國近代社會生活及其發展過程的曲折性。

近代社會生活，尤其是政治生活的曲折性，是造成對梁啟超評價不公的最重要原因。近代以來，中國面臨一個全面的社會轉型任務。但是，由於中國是一個有著幾千年集權專制傳統的封建農業國家，它的社會管理機制通常透過超經濟規律的行政權力干預來進行，解決問題的手段主要由政治變革來完成。這使人們的注意力集中於政治運動，歷史研究也聚焦於政治史。近代中國社會的轉型，也離不開這一歷史土壤和傳統特色，首先借助於政治改革作為其原初的啟動力，這使人們對近代中國社會在經濟、文化、學術方面的演變掉以輕心。梁啟超也難逃這一厄運，他的學術活動遠不及他的政治活動而受到人們的關注，大多數時候，只作為其政治行為的附屬物一筆帶過，缺少系統的全面的研究和評析。更遺憾的是，這種遺風所及，使眾多的研究者，無論面對何種領域，總

一、蓋棺尚未論定

把政治標準放到第一位，甚至不惜以此去曲解、閹割客觀歷史事實，這就為實事求是地評價梁啟超的學術活動，增加了空前的阻力和難度。

毋庸置疑，學術活動同政治活動往往有著某種內在的連繫。即令在自然科學領域，也不乏大量例證。軍事科學技術的突破性成就，大多數源於戰爭的直接需求。社會科學、人文科學的發展，就更是如此。但這種連繫只表現為互為因果的一種形式，而不能因此將兩者的性質混同乃至等同。學術研究的成果運用可以有功利性、目的性、實用性。學術研究的過程和成果評定卻要求客觀性、真實性、科學性，儘管這只能是一個不斷逼近事實的近似值或相對值。但後者的這一特點、決定了學術活動不能受某一社會集團政治需求及其標準的干預和干擾。至於對學術成果的選擇運用，則另當別論。

對梁啟超的評價也是如此。辛亥革命前，因同革命派之間的不同政見和宗派門戶之爭，他被視為保皇派的反動頭目。由於他曾一度傾向革命派，旋復又與之決裂，所以較康有為還多頂帽子：反覆無常的兩面派，見風使舵的投機派。作為改良派、立憲派的精神領袖，輿論界的天之驕子，在戊戌政變後，梁在海內外的政治影響極其巨大，這使他在革命派的心目中變得更加可惡和可憎。那些激進的留日學生們對他的政治活動很難作出實事求是的歷史評價，更難以心平氣和地去從學術角度考察他的理論主張。在政聞社成立大會上，青年學子對梁老以拳相向，而這種情緒化的做法卻為不少同盟會員們大加讚賞而津津樂道。

辛亥革命後，梁一度追隨袁世凱和段祺瑞，在革命派眼裡，不啻是從清王朝的爪牙進而墮落為軍閥的走狗，更加令人不屑了。及至二〇年代，梁雖離開了政界，但其立場則更為右傾，堅決反對共產黨和共產主義。臨終之前，還頗有點蠢蠢欲動的出山之勢，要在中國組織走中間道路的資產階級第三黨，在時人眼裡，也難免成為一個不折不扣的反動派了。

馬克思主義唯物史觀在中國的傳播和確立，本來為正確認識和研究梁啟超提供了一個可靠的理論武器。李劍農、李平心等人對維新派的關注，反映了這一趨勢。然而，隨著時間的推移，中國史學界也曾一度出現了一些重大的甚至是根本性的理論失誤。一是把改革、改良與革命絕對對立起來，把前者當成資產階級、修正主義理論的代名詞；二是把階級鬥爭為階級社會變革的主要動力歪曲誇大成唯一動力，把暴力革命為社會變革的最高形式誤解為唯一形式。六〇至七〇年代，這種理論發展到登峰造極的地步，在這種背景下，梁啟超研究的主色調更加黯淡，不僅其政治立場、思想學說受到了猛烈批判，其人品和人格也遭株連。他所倡立的近代政治學被貶得一錢不值，連他一度對盧梭

一、蓋棺尚未論定

學說為代表的革命民主主義的傾心相向和大力鼓吹，也都成了偽裝革命的欺騙手段。對這樣一個人物，在這種情況下，他的學術活動及其偉大貢獻，難免湮沒在時代環境中。

梁啟超的政治表現固然不盡人意，而且有不少嚴重的過失。但是，作為一個近代改革派領袖和啟蒙大師，他在中國近代民主政治和思想解放運動中的先驅作用，是無論如何不能否定的。如前所述，一九〇〇年以後，梁啟超在總結戊戌變法失敗的經驗教訓的基礎上，充分利用在日本的環境和條件，大量閱讀並苦心鑽研了資產階級文化運動的豐富成果，學術思想和政治傾向都發生了很大的變化，完成了一個新的轉折和飛躍。從策略上講，儘管他仍堅持用改良手段在中國推行資本主義道路，但他的整個思想及學說體系，已經完全資產階級化。他的資產階級政治學和史學思想體系，就是在這種動力的驅使下提出和形成的。與他同代的近代革命派馮自由等人，對他的學術成果和理論宣傳活動的作用，雖然還缺少深刻的認識，但也很公平地承認他在新思想、新觀念的宣傳方面，遠遠超過了革命派自身。而半個世紀之後，我們的認識反而不及當年的革命派，固然與梁啟超本人的複雜多變有關，但也值得史界深思。

梁啟超性格善變，有某種投機色彩，卻絕不是一個投機分子。如李華興先生所指出，梁啟超善變中有始終不變的東西，那就是愛國主義不變，維新立憲不變。僅此一點，用人格的攻擊來否定梁啟超就不足以成立，而以此為理由，進而否定他的學術成果，就更是荒唐不堪的無稽之談。更何況梁啟超善變的根本原因，還在於時局的多變，以及他本人的敏銳性超乎尋常。事實上，每逢關鍵時刻，梁啟超的政治人格還表現出不少光輝之處。這就證明他的善變，與所謂的投機，確實有本質性區別。在日本後期，梁啟超一度生活拮据，孩子因之停學一年，而他仍筆耕不輟，未曾動用或濫用其社團的集體經費，更未曾因此而一改初衷，屈節於慈禧政權。他雖曾一度追隨袁世凱、段祺瑞，但一旦看清其面目，都很快憤而辭職，分道揚鑣。他一生中飽受流亡之苦，但當袁世凱用重金二十萬元收買他、用可能再度流亡威脅他時，他均嚴詞拒絕，並當機立斷公開發表了著名的《異哉國體問題》一文，及時揭露了袁世凱的復辟帝制陰謀，為反袁起義做好了輿論準備。而在五四運動期間，雖然學生退回了他的捐款，他卻始終如一為釋放被捕學生奔走呼號，與北洋政府斡旋再三。

與革命派的關係，是梁啟超一生中的大失誤。他真心嚮往過與革命派，尤其是同孫中山先生的合作，也為之付出過實際努力。他得到過孫中山先生的高度信任，孫中山還曾致信其兄孫眉，介紹梁啟超認識檀香山的興中會會員。梁在檀香山受到孫眉和興中會會員的熱情接待，並為孫中山的兒子孫科發蒙。在檀香山，梁致書孫中山：「至於辦事

一、蓋棺尚未論定

宗旨，弟數年來至今未嘗稍變，唯務求國之獨立而已。若其方略，則隨時可以變通。但可以救我國民者，則傾心助之。」說明他對維新派、革命派合作的基點是「務求國之獨立」，認識得十分清醒，對兩黨之分歧屬於「方略之不同」，也把握得十分明確。至於他提出的「名為保皇，實則革命」，雖然抹煞了兩派之間的原則性區別，但也是一種周旋於孫、康之間，竭力縮小其衝突的策略性手段和口號。以梁啟超當時同康有為之間的關係，以及他從康有為處受到的巨大壓力，他有其不得已的苦衷。至於他利用這種似是而非的口號和理論宣傳，是他的宗派意識作祟造成的嚴重惡果。然而，僅僅以此，就認定他的所有言行，包括他的思想和學術見解，都是「偽裝」，都是「欺騙」，也是不符合歷史事實的。在一九〇〇年至一九〇三年間，梁啟超在同康有為的私人書信往來中，數次聲明自己的政治傾向和理論主張，且將這些思想和理論，大量見諸他的論著之中，在社會上，尤其是國內與留日學界，產生了極大的影響。他還組織「康門十三太保」羅普、韓文舉、麥孟華等人，上書康有為，請他退隱歸山，不要再干預維新派的政務活動。這些史實，遠非「偽裝」、「欺騙」可以解釋和否認的。

一九〇三年後。梁啟超追隨其師，與革命派決裂。主要原因還在維新派與革命派之間的門戶之爭。在政治立場和政治行為上，梁啟超放棄了對革命的宣傳鼓吹，但在其學術理論中，還是時時可見近代啟蒙主義與民主主義的光輝。梁啟超政治上的倒退，從個人原因講，是懼怕土地革命，這同他的家庭已上升為一個中層地主直接相關，表現出他的局限性。但另一方面，革命派同樣也有維新派及後來的立憲派所具有的宗派主義。一九〇六年後，梁啟超提出停止兩派公開論戰，他基本上做到了這一點。而革命派卻不依不饒，將此視為是梁啟超窮途末路所致，繼續窮追猛打，這在已經基本清算了梁啟超錯誤理論及其影響的前提下，就顯得很不明智了。

革命派本身素養不高，內部沾染有不少流氓無產者與封建幫會習氣，也是梁啟超不能正確看待革命派的客觀原因。早在一九〇三年，他就為革命派內部出現的腐敗行為與《蘇報案》叛徒告密事件而憤憤然。加上革命派中有人把實現土地革命的期望，寄託於革命中國人犧牲一半的可能性上，更是激起了梁啟超的莫大憤慨。這與梁啟超奉行的資產階級人道主義和民主主義水火不容，同時也暴露了當時少數革命者，視群眾為群氓、為工具、為炮灰的那種農民起義型的草莽英雄的劣根性。這種態度和情緒，也一直延續到他晚年對待無產階級革命問題上。梁啟超對群眾運動的老爺態度和一葉障目的片面認識固然不對，但他所提出的革命隊伍自身的素養和鬥爭水準應該提高的問題，則不能因此而小視。

一、蓋棺尚未論定

把革命和改良對立起來，在實踐上是一種錯誤與混亂。在革命時機未曾成熟，革命高潮未曾到來時，結合中國的現實政治狀況，選擇一條阻力最小的變革路線，這是維新派的功勞而不是他們的罪責。如果說，戊戌變法的失敗證明了改良主義在中國走不通，就對梁啟超全盤否定，那麼，革命派的武裝起義也一直到一九一一年才獲得勝利。而且，立憲派的改革運動、地方自治運動、保路運動，為辛亥革命的成功提供了基礎和機遇。由此可見，以政治標準取代學術標準來評價梁啟超的學術活動，已經違背了科學的基本要求，更何況這些政治標準並不都正確。這顯然是造成對梁啟超學術評價失真的第一個原因。

其次，在政治上、學術上，梁啟超都是一個過渡性的創新型人物。對這種人物的特點，梁啟超有過精當的總結與描述：這種人物屬於「啟蒙時代之大學者，其造詣不必極精深，但常規定研究之範圍，創革研究之方法，而以新銳之精神貫注之」。他們的任務在於「建設新思潮」。「其精力皆用於破壞，而建設蓋有所未遑。所謂未遑者，非閣置之謂，其建設之主要精神，在此期間必已孕育，如史家所謂『開國規模』者然。雖然，其條理未確立，其研究方法正在間錯試驗中，棄取未定。故此期著作，恆駁而不純，但在散亂粗糙之中，自有一種元氣淋漓之象」。這類學者的主要貢獻，在對舊學說的批判，在對新學科的創立，在對研究範圍、研究內容、研究方法的變革，在對未來的學術開闢一個新的廣闊天地。與之同時，他們的著述往往雜博而不夠精深，許多具體問題的論述也不會非常細微，因為這正是其所短而非其所長。

遺憾的是，多年來，我們正是忽略了梁啟超作為啟蒙學者的本質特徵，不斷以其所短攻其所長，掩其所長，這構成我們對其學術評價失真的第二個原因。人們常說梁啟超的學術成果浮淺、蕪雜，這種批評叨叨不絕於耳。而人們卻有意無意地忘了，他的學術成果同時還具有無與倫比的博大和深邃的一面。與同期的另一位偉大學者王國維相比，在金石學、文字學、文學評論、文學史，尤其是戲曲史方面的成就相比，王國維的學術功底和所下的功夫，確在梁啟超之上。對一些具體的史學問題的考證與研究，王國維的精微和獨到可算首屈一指。但在提出眾多的新的研究課題、開闢新的學科領域、建立近代學術理論體系方面，梁啟超的貢獻又是近代學者們望塵莫及的。

梁啟超很有自知之明。他說自己「平素主張，謂須將世界學說為無制限的儘量輸入，斯固然矣。然必輸入者確為該思想之本來面目，又必具其條理本末，始能供國人切實研究之資。此其事非多數人專門分擔不能。啟超務廣而荒，每一學稍涉其樊，便加論列，故其所述著，多模糊影響籠統之談，甚者純然錯誤。及其自發現而自謀矯正，已前後矛盾矣。平心論之，以二十年前思想界之閉塞委靡，用此魯莽手段，不能烈山澤以辟新局」。就此點論，梁啟超可謂新思想界之陳涉。雖然，國人責望於啟超者不止此。以其人本身之魄力，及其三十年上歷史所積之資格，實應為我新思想界力圖締造一開國規模。應該說，他晚年的學術活動，基本上完成了這一心願，不止於滿足對舊觀念的破壞，還努力於新學說的開拓。他對自己學術上的弱點及其根源也作了探討：一是「保守性與進取心常交戰於胸中，隨感情而發，所執往往前後矛盾。嘗自言曰：『不惜以今日之我，難昔日之我。』而其言論之效力亦往往相消」。二是「『學問欲』極熾，其所嗜之種類亦繁雜，每治一業，則沉溺焉，集中精力，盡拋其他，歷若干時日，則又拋其前所治者。以集中精力故，常有所得；以移時而拋故，故入焉而不深」。其三是「雖自知其短，而改之不勇，中間又屢為無聊的政治活動所牽率，耗其精而荒其業」。這些自我評價和剖析，基本上恰如其分。

對梁啟超學術貢獻的評價失真，還同傳統的學術偏見有關。梁啟超學術貢獻的重點，是近代學術理論體系的創立，以及對近代資產階級政治學、史學等諸多新學科的開拓。這是傳統學術的薄弱環節，也是傳統型學者所最缺乏的東西。但他們卻不敢正視這一現實，反而以攻擊梁啟超的長處，來粉飾自己的不足與落伍。這也是乾嘉學風發展到末流時，埋頭於餖飣瑣碎考據，看不到學術發展大勢的一種學術標準的惡劣表現。

用當代的學術教育程度去苛求梁啟超，是對梁啟超學術評價不公的第三個原因。譬如說梁啟超不懂歷史唯物論，因此他的史學理論就不能邁入歷史科學的大門；又如說他不懂階級分析，他所倡立的資產階級政治學就從未作為一門獨立學科加以研究；而他在財政、法制理論方面的建樹，也因均是適應資產階級之需要，就輕易地擱置一旁等等。

對梁啟超的學術評價各異，本來是非常正常的事情。但是，史學界一直未能比較公允、客觀地評價其學術成果，於今仍不失為一大遺憾。

二、真實的梁啟超

佇立在林木蔥鬱、山色掩映的梁氏陵園前，我試圖用我的心、我的筆，為世人呈獻一個真實的梁啟超。

梁啟超，作為近代知識分子的一個典型人物，有著過人的歷史眼光與遠大的社會抱負，但又過分迷戀於世俗的政治聲望與得失，丟不掉做執政者導師的幻夢；有著深厚的學業基礎與驚人的旺盛精力，但在學術上往往淺嚐輒止，不求進一步的深入；胸襟博

二、真實的梁啟超

大，感情豐富，待師友、待親人、待後輩，都熱誠真摯，敢於樂於患難與共，然而意志力終顯薄弱，到底在晚年違背了與譚嗣同立下的終生不娶小妾的誓言，儘管對李蕙仙夫人一往情深，至死未渝。總之，梁啟超是一個有著多重性格、多重色彩的普通人。他缺少康有為一往直前從不回頭的勇氣，缺少譚嗣同豪俠任事、正氣凜然的魄力，缺少王國維堅韌不拔、在學術上精雕細刻的精神與耐性，缺少黃遵憲審時度勢、縝密思考的眼光與謀略，梁啟超就是梁啟超，他同時也是一個普通人。

梁啟超在近代學術事業上有著不可忽視的建樹。儘管曾經為人們所誤會，甚至曲解，但其論著中的智慧光芒，永遠也不會熄滅。每讀完一遍《飲冰室合集》，我就會在燈前床頭，掩卷長思。一直到今天，我作為一個史學工作者。仍然感受到了潛藏於《飲冰室合集》中那些學術精華的蓬勃生命力。

在學術研究方面，梁啟超博學但不精深，卻決非一概粗淺，他也有著他人難以企及、非常深刻的一面。《中國近三百年學術史》資料之豐富，佛學研究考訂之精審，近代學者中少有幾人可堪與之比肩而行。同時，梁還是近代第一個提出漢字改革的先行者，也是近代白話文的提倡者。他對甲骨金文的考證，也是卓然大家，「民」和「百姓」的含義，就由他率先鑽研。

在近代社會，梁啟超的影響之巨，魅力之大，罕有其匹。二十世紀初，誠如黃遵憲所言：「以公今日之學說之政論，布之於世，有所向無前之能，有唯我獨尊之概。……一言興邦，一言喪邦，茫茫禹域，唯公是賴。」梁啟超的學說不僅在當時有其積極的一面，而且，現在看來，也應冷靜地予以審視。就連佛學大師黃宗仰（即烏目山僧）也讚譽其「歐風墨雨隨君手，洗盡文明眾腦肝」。甚至他的文風文體，也成為一種時髦，就連當朝大吏的奏摺也不得不拾其牙慧。

梁啟超之所以取得輝煌的學術成就，得力於他強烈的社會責任感、時代感和不同一般的敏銳與洞察力。愛國主義是他一生追求社會變革與進步的源泉，而這種愛國主義經過了世界先進文化的衝擊和戊戌維新運動的洗禮之後，有嶄新的截然不同於封建觀念的內容。除此以外，他那複雜曲折的人生經歷，伴隨著甲午以後中國歷史舞台上的風風雨雨，使他能夠從實踐中領悟出中國社會的癥結和要害，其學術研究的方向有賴以扎根的土壤。梁啟超的學術功底，也是他在學術上具有爆發力和創新精神的淵源。他一生好學成癖，手不釋卷，病魔纏身時也復如此，尤好新知，在求知過程又始終能堅持獨立思考，其精力旺盛異於常人，並善於舉一反三，將各種知識加以融會貫通，從中頓悟並推出新的認識與見解。梁啟超身上蘊藏了巨大熱情和才智。他還善於集思廣益，其師友眾

二、真實的梁啟超

多，學術源流熔中西文化於一爐，知識累積的厚度和深度都遠遠超出常人。縱觀這一切，梁啟超所取得的學術成就決非偶然。

梁啟超的學術貢獻不僅在中國近代佔有一定地位，在勤學博覽，並卓有建樹的同時，梁還積極而自覺地培養了中國近代的學術中堅。他的身邊經常聚集著近代學術史上一批出眾人物，總是不遺餘力給他們以指導和幫助。梁還善於獎掖後進，對胡適的早期著作，梁與之切磋再三，直抒己見，論其不足之處，使之日臻完善。對徐中舒、蔡尚思、謝國楨、范源濂、蔣百里、蔣夢麟、蹇先艾、周傳儒、姚名達、楊鴻烈等著名學者的成長，也慧眼識人，造成了伯樂的作用。在他的追悼會上，五百多名學生到場致哀。學生侯鍔輓詩哭云：「忽見滄江晚，冥冥何所之。京城吹日落，園樹助群悲。憂國死未已，新民志可期。平生心力在，回首淚絲垂。」「獨挽神州厄，一言天下驚。此身終報國，何意計勛名。正氣永不死，宏篇老更成。西山能入座，已是百年情。」充分表達了弟子們對他的崇敬。在近代學術園林中，梁不曾戚戚於如何使自己一枝獨秀，而是孜孜致力於苗圃青青。

對學界同人，梁也坦誠相待，相互支持。在清華園內，梁與王國維、陳寅恪先生的情誼，人所共知，恬淡而真摯，心照只自知。得到王國維先生自殺噩耗後，痛惜之情，形諸文辭，溢於言表。在清華園外，與張元濟、夏曾佑、熊希齡、錢玄同、胡適、丁文江、朱希祖、熊佛西、任鴻雋、陳叔通等俊彥鴻儒，砥礪學術，磨勘文章，共憂國事，同商發展文化教育事業大計，深受當時文壇推崇。

從參加維新事業以後，近四十年中梁啟超「腦中固絕未忘一『國』字，且平昔眼中無書，手中無筆之日亦絕少」。梁著述等身，有一千數百萬字之多。他才思敏捷，揮筆立就，寫《清代學術概論》時，幾天之內就寫下五六萬字之多。其摯友徐佛蘇敬之為「世界第一博學家」，實無不可。

一九二九年一月一九日，因積勞成疾，梁不幸病逝。然而，直至臨終前數日，他還在「日夜謀病起之後，所以繼續述作之計畫」。是生也憂患，死也憂患，有過幾日安樂？二月十七日、一八日，京滬各界人士為他舉行公祭，「全場均為喑嗚之聲籠罩，鹹為所黯然」。毀譽由世俗，公道自在人心。馮玉祥將軍親贈輓聯：「矢志移山亦艱苦，大才如海更縱橫。」唐蟒頌：「開中國風氣之先，文化革新，論功不在孫黃後；愧藐躬事業未就，門牆忝列，傷世長為屈賈哀。」蔡元培讚：「保障共和，應與松坡同不朽；宣傳歐化，寧辭五就比阿衡。」張東蓀評：「本方寸間不容己願輪，為先哲後哲續千燈，學通中外古今，言滿天下，名滿天下，智過其師，萬口爭傳大王路；是歷史上有關

二、真實的梁啟超

係人物，更昇平津平張三世，身閱壞空成敗，知唯春秋，罪唯春秋，泣盡心血，一生肯作寧馨兒。」老友熊希齡哭：「十餘年患難深交，有同骨肉，舍時去何先，著書未完難瞑目；數小時行程遲誤，莫接聲容，悲余來已晚，撫棺一痛更傷心。」令人欣慰的是，其同時代人尚能給予公評：「任公逝矣。綜論一生，以龍臥虎跳之才，建震開動地之業，不凝滯於己見、物見，而權衡在心，屈信因時，隨大勢為轉移變化焉、發揮焉，以盡其務而底於成。」其始「任維新之先覺」，其繼則「倒袁討張，成革命之元勛」。而《飲冰》一書，「萬本萬萬遍，傳頌國人」，是近代社會中華民族寶貴的文化遺產。其諍友章太炎也對此深表理解：「進退上下，式躍在淵，以師長責言，匡復深心姑屈己；恢詭譎怪，道通為一，逮梟雄僭制，共和再造賴斯人。」就連大軍閥閻錫山，也不得不深表佩服：「著作等身，試問當代英年，有幾多私淑弟子；澄清攬轡，深慨同時群彥，更誰是繼起人才。」時至今日，重新系統化研究梁啟超和其他近代學者的學術成果，認真審定究竟如何取其精華，棄其糟粕，是個刻不容緩的任務了。

我曾久久站在梁啟超及其紅顏知己李夫人的墓前，仰望長空如洗，靜聽松濤似咽。梁啟超所處的那個時代的風雲變幻、梁啟超本人的人生際遇，在我心中如風般掠過。我浮想聯翩，遐思如雲，眼淚潸潸而下。正如錢玄同所言：「文字收功神州革命，生平自許中國新民。」這也是梁一生學術的宗旨和精華所在。

「公車上書」一百多年過去了，梁啟超和當時的熱血青年，都早已作古，長眠九泉。想當年都門傳誦，熱血噴湧；松筠論政，雄姿英發。正是他們，首次提出了實現中國近代化和創造中國新文化的任務。誠然，他們走過太多太多的彎路，他們曾有過全盤西化的民族虛無主義情緒，他們也曾在第一次世界大戰炮火中徬徨迷茫，求助於東方文化清掃歐洲的硝煙，不管腦後是否又拖起了那條封建尾巴。他們批判醜惡的專制政體與官僚體制，卻又乞靈於權力來推行他們的救世藥方，致使其社會理想一次又一次幻滅。他們奮起抗爭，反對列強侵略政策，又心存畏懼，時時想求助於列強的力量。為此，他們步履維艱、遍體鱗傷。

歷史的發展不像涅瓦大街般暢通無阻。中國的近代化道路，崎嶇而艱險。時至今日，還有許多任務未及完成。對甲午以來近代學者的成果進行系統全面的整理和研究，歷史學界義不容辭，而且首當其衝。

坦率地說，在學術遺產的整理上，我們已經走過太多的彎路。僅以文化問題為例，從戊戌至今，歷經辛亥、五四、三〇年代、五〇年代、八〇年代，我們已有過約六次大的論爭。每次雖然都議論紛紛，但還總是在前進之中。回首梁啟超的基本立場，「拿西

二、真實的梁啟超

洋的文明來擴充我的文明，又拿我的文明去補充西洋文明，叫他化合起來成一種新文明」，梁啟超早在近代，確也開了先河。

一九二九年，美國史學界曾評論梁啟超：「以非凡的精神活力和自成一格的文風，贏得中國知識界的領袖頭銜。」而國內著名社會學界潘光旦和文化名流梁實秋等人則專對梁的學術活動，下了一個頗為精要而又切合其特色的斷語：「承魏牟而教，擷孔穿而辨，斷以己意；有江陵之才，得荊公之學，作新斯人。」他們以巧妙的歷史典故，描繪了梁一生的抱負。縱觀梁的一生，可謂思想隨時代而變，論著起風氣之先。其著述《飲冰室合集》是一代學人知識的積澱和寶藏，是晚生後人尋求智慧的鑰匙。雖然它瑕瑜互見，但瑕不掩瑜。誰也不曾料想，梁卻被其姻親楊度言中：「事業本平常，成固欣然，敗亦可喜。文章之零落，人皆欲殺，我獨憐才。」是痛語，是哀語，是嘆語，還是讖語？

附錄一　梁啟超活動大事年表

一八七三年（同治十二年）一歲

正月二十六日（西曆二月二十三日）生於廣東省新會縣熊子鄉茶坑村，其姐三歲。

祖父梁維清，號鏡泉，秀才，援例指作附貢生，任新會縣教諭。祖母黎氏。

父親梁寶瑛，字蓮澗，鄉間私塾先生。母趙氏，繼母關氏，庶母葉氏。

是年，李鴻章五十一歲，康有為十六歲，孫中山八歲。

一八七五年（光緒元年）三歲

載湉即位，改元光緒。

一八七六年（光緒二年）四歲

弟啟勛（仲策）生。

一八七七年（光緒三年）五歲

由祖父與母親課讀《四子書》、《詩經》。

一八七八年（光緒四年）六歲

隨父讀完《五經》。次妹生數日殤。

一八八〇年（光緒六年）八歲

學習八股文。

附錄一

一八八二年（光緒八年）十歲
初次參加童子試。赴廣州應試途中，吟詩被譽為神童。
一八八三年（光緒九年）十一歲
讀張之洞《軒語》及《書目答問》。三弟生，五歲而殤。
一八八四年（光緒十年）十二歲
補博士弟子員。祖父及父母授唐詩和《史記》。
是年，康有為醞釀著《人類公理》（即《大同書》）。中法戰爭爆發。
一八八五年（光緒十一年）十三歲
受學廣州呂拔湖先生，習段、王訓詁學。
是年，清簽訂《天津條約》，中法戰爭結束。
一八八六年（光緒十二年）十四歲
就學於佛山陳梅坪先生。
一八八七年（光緒十三年）十五歲
母趙太夫人生四弟啟葉難產去世。
就學廣州學海堂，同時在石星巢先生處受業。
一八八八年（光緒十四年）十六歲
入學海堂為正班生。同時又是菊坡精舍、粵秀書院、粵華書院的院外生。結識麥孟華、曾剛甫。

是年康有為第一次上書請求變法。

一八八九年（光緒十五年）十七歲

參加廣東鄉試，考中舉人第八名。主考官李端棻以堂妹李蕙仙許配梁。

是年，光緒帝親政。廣學會發行《萬國公報》。

一八九〇年（光緒十六年）十八歲

入京會試落第。途經上海，購《瀛環志略》與上海製造局所譯西方書籍若干。

是年秋，結識陳通甫，並經陳介紹，拜康有為為師。同年結識汪康年。

一八九一年（光緒十七年）十九歲

就學入康有為萬木草堂，受康《長興學記》影響尤大。萬木草堂學習生活，為梁打下了一生治學與事業的基礎。

幫助校勘《新學偽經考》，並分任《孔子改制考》編纂。

十月，入京與李蕙仙完婚。

結識康廣仁、夏曾佑、曹泰、麥孟華、韓文舉、徐勤、王覺任、梁朝傑等。

一八九二年（光緒十八年）二十歲

入京會試落第。返鄉後發憤苦讀新學。

正月祖父去世。是年繼母出五弟生，數日而殤，庶母出六弟生。

一八九三年（光緒十九年）二十一歲

與陳通甫同任萬木草堂學長。冬赴東莞講學，著《讀書分月課程》以訓門人。

附錄一

長女思順在茶坑出生。
康有為應鄉試中舉第八名。
一八九四年（光緒二十年）二十二歲
是年二月入京，十月返粵。
中日甲午戰爭爆發，梁感憤時局，多有吐露，然人微言輕，益奮發讀書，治史地算學。
與汪康年、夏曾佑交往密切。
是年，結識張謇。曹泰卒。
十月，孫中山組織興中會。
一八九五年（光緒二十一年）二十三歲
二月入京會試落第。
三月《馬關條約》和議成。梁啟超作為康有為的得力助手，發起組織了著名的「公車上書」。同年六月，《萬國公報》（即《中外紀聞》）刊行。梁為主筆。七月，強學會成立，九月正式開辦。梁委為會中書記員。
結識譚嗣同、楊銳、張元濟、陳熾等人。受夏曾佑、譚嗣同影響甚巨。
陳千秋卒。
一八九六年（光緒二十二年）二十四歲
三月由京去滬。七月《時務報》成立，梁任主筆。發表《變法通議》、《西學書目表》等文，聲名鵲起，時人以康梁並稱。

從馬建忠先生學習拉丁文。

是年結識黃遵憲、嚴復、容閎、馬相伯、章太炎、經元善、宋恕、徐壽、吳德瀟、吳樵、胡唯賢、孫寶瑄、曾樸、吳嘉瑞等。

是年興中會謝纘泰與康廣仁、康有為於香港共同洽商兩派聯合救國事宜，因康有為態度曖昧未果。

秋，返粵省親。途中過澳門與康廣仁、何穗田商議籌辦《知新報》。

是年其三妹生。

一八九七年（光緒二十三年）二十五歲

春，過武昌晤張之洞。張欲羅幕中未就。仍主編《時務報》。銷數最高時達一萬二千份。

二月，編輯《西政叢書》，共八門三十二種。

六月，與汪康年、麥孟華在滬辦不纏足會。

九月，與康廣仁等一起創辦大同譯書局。

十月，暫離《時務報》，去湖南任時務學堂總講習。

冬，與經元善一起倡設女學堂於滬。

是年，與黃遵憲共倡「詩界革命」。

是年，譚嗣同著《仁學》。黃遵憲、唐才常創《湘報》於長沙，康廣仁、徐勤、何易一創《知新報》於澳門，嚴復、夏曾佑創《國聞報》於天津。

結識唐才常、陳寶箴、陳三立、江標、熊希齡、徐仁鑄、皮錫瑞等。

附錄一

一八九八年（光緒二十四年）二十六歲

正月，光緒帝召見康有為，康上《統籌全局折》（《上清帝第六書》）。二月，梁入京。三月，保國會在京成立，梁奔走甚力。同月，與麥孟華聯合各省舉人百餘名，上書請求拒俄變法，堅決反對割讓大連、旅順於俄。四月，聯合舉人百餘名，上書請廢八股取士制度。

四月二十三日（西曆六月十一日）光緒帝下《定國是詔》，開始戊戌變法。梁被授六品銜，主辦譯書局事務。八月初六日（西曆九月二十一日）慈禧太后發動政變，六君子就義，康梁亡命日本。

十一月梁在橫濱辦《清議報》，並在該報上陸續發表《戊戌政變記》。用吉田晉筆名。

是年冬，興中會陳少白與康梁洽談合作，梁內心甚為波動，但因懼康反對而作罷。

一八九九年（光緒二十五年）二十七歲

二月，唐才常與時務學堂學生蔡鍔等十數人東渡日本，追隨梁啟超。同月，康有為由日本政府出面贈旅費赴加拿大，並於六月在該國多利創立保皇會（中國維新會）。

四月，梁與興中會楊衢雲在橫濱再次洽談兩黨合作，但無結果。夏秋間與孫中山來往密切。

十一月，奉康有為之令赴檀香山辦理保皇會事宜，住孫中山兄孫眉家中，並為孫科開蒙。

是年，著《自由書》、《瓜分危言》、《各國憲法異同論》、《商會議》、《論近世國民競爭之大勢及中國前途》，使用飲冰室主人、哀時客筆名。

一九〇〇年（光緒二十六年）二十八歲

春，致書康有為、孫中山，策劃自立軍勤王起義。七月，自立軍起義失敗。唐才常等六君子就義。梁由檀香山急速回國，隱居上海。

八月赴新加坡會康有為。途經香港再次與陳少白晤談兩黨合作事宜，後因徐勤從中作梗仍未果。八月遊歷澳洲。

是年，發表《立憲法議》、《少年中國說》、《中國積弱溯源論》，取筆名少年中國之少年。

是年五、六月，中國爆發義和團運動。七月，八國聯軍進京。

一九〇一年（光緒二十七年）二十九歲

四月由澳洲返日本。

十月四日（西曆十一月十一日），《清議報》第一百冊出版。停刊籌辦《新民叢報》。

七月，清政府簽訂《辛丑條約》。九月，李鴻章卒。

是年，著《李鴻章》、《南海康先生傳》、《中國史敘論》、《過渡時代論》、《霍布斯學案》、《盧梭學案》、《斯片挪莎學案》等。始用筆名飲冰子。開辦廣智書局。

次子思成生。

一九〇二年（光緒二十八年）三十歲

正月初一（西曆二月七日）《新民叢報》在橫濱出版。梁每日須作文五千字，工作十分緊張。四月黃遵憲來函贊其「一字千金」。

十月《新小說》月刊正式出版。

是年，始寫《中國通史》，並擬籌辦《國學報》。著有《三十自述》、《保教非所以尊孔》、《新民說》、《新民議》、《論中國學術思想變遷之大勢》、《新史學》、《論小說與群治之

附錄一

關係》、《新中國未來記》等。
結識蔣智由。
一九〇三年（光緒二十九年）三十一歲
正月至十月，遊歷美洲。返日後言論大變，完全放棄破壞主義與兩黨合作主張。
著《新大陸遊記》、《二十世紀之巨靈托拉斯》、《近世第一大哲康德之學說》、《政治學大家伯倫知理之學說》、《中國國民之品格》等。
一九〇四年（光緒三十年）三十二歲
正月至香港，參加保皇大會。
二月至滬，與狄楚卿、羅普等籌辦《時報》。三月返日。四月《時報》出版，為之著撰。
是年著《中國武士道》、《中國法理學發達史論》、《論中國成文法編制之沿革得失》、《中國國債史》、《中國貨幣問題》、《外債輸入問題》、《中國歷史上革命之研究》、《中國殖民八大偉人傳》、《袁崇煥傳》等。
《中國通史》寫二十餘萬字，改為《國史稿》。
三子思和生。同年四妹生。
一九〇五年（光緒三十一年）三十三歲
是年，重編本《飲冰室文集》出版，按文章內容分類編纂。年底《新小說》停刊。
清政府派五大臣出國考察憲政。梁為端方等人代寫奏章等二十餘萬言。
著《德育鑑》、《開明專制論》、《駁某報之土地國有論》等。

同盟會於七月在東京正式成立，其機關報《民報》與梁公開論戰。
黃遵憲卒，梁悲痛萬分。
一九〇六年（光緒三十二年）三十四歲
與《民報》就立憲共和、改良革命、土地國有問題進行激烈論戰。四月致函徐佛蘇，重申其有關主張外，同意徐停止論戰建議。十一月，孫中山表示拒絕。同月，曾兩次致函康有為，建議改保皇會為國民憲政會，並初步提出三條綱領：一尊崇皇室，擴張民權；二鞏固國防，獎勵民業；三要求善良之憲法，建設有責任之政府。
八月曾同麥孟華等人組織新會國文學會，梁任社長。該社「研究國文……俾學業大成」。
是年，清政府下詔預備立憲，改定官制。梁對清廷之腐敗反動，改革難望深感不滿，但仍對立憲抱有期望，轉趨實際運動。曾與楊度、徐佛蘇、蔣智由等籌建政黨，因楊徐意見不合未果。
著《暴動與外國干涉》、《申論種族革命與政治革命之得失》等政論文多篇。代草《考察各國憲政報告》，清御前會議透過。
十一月，張謇等東南紳商在上海成立預備立憲公會。
繼母吳氏卒。經營刺殺西太后的梁鐵君遇難。
一九〇七年（光緒三十三年）三十五歲
正月，保皇會改國民憲政會。九月，政聞社機關報《政論》在東京創刊，蔣智由任主編。梁發表政聞社宣言書，提出四條主義：一、實行國會制度，建立責任政府；二、釐定法律，鞏

附錄一

固司法權之獨立；三、確立地方自治，正中央地方之權限；四、慎重外交，保持對等權利。

九月政聞社正式成立。

十月，《新民叢報》停刊，共出九十六期。

著《國文語原解》、《現政府與革命黨》、《政治與人民》、《社會主義論序》等。

四子思忠生。

前禮部尚書、姻兄李端棻卒。

一九〇八年（光緒三十四年）三十六歲

正月，政聞社總部由東京遷滬。六月以全體社員名義致電憲政編查館，請限期三年召集國會。七月，清廷查禁該社，緝拿社員，《政論》停刊。九月，日政府應清政府之求禁《民報》。

清政府公佈憲法大綱和議員選舉法要領，並規定預備立憲期為九年。

十月，光緒帝、慈禧太后相繼亡故。載灃以攝政王監國，溥儀即帝位，翌年改元宣統。

著《中國古代幣材考》、《王荊公》、《中國國會制度私議》等。

次女思莊生。

一九〇九年（宣統元年）三十七歲

六月部分政聞社員在東京成立諮議局事務調查會，八月創辦《憲政新志》，專門公佈調查成績供各省參考。

十一月，各省諮議局代表在滬召開聯誼會，組織國會同志請願會，梁啟超透過徐佛蘇，於暗中支持贊畫。十二月，國會同志請願會入京請願。
是年生活困頓，筆耕為業。著《管子傳》、《財政原論》、《嘉應黃先生墓誌銘》等。
三女思靜生。
一九一〇年（宣統二年）三十八歲
正月，《國風報》出版，梁為總撰稿。
七月，徐佛蘇主持《國民公報》出版，梁為其撰述甚多。
五月，各省谘議局國會請願代表第二次請願要求速開國會。十一月，國會同志請願會解散，另組帝國憲政會，梁參與其議。
著《憲政淺說》、《國家運命論》、《立憲政體與政治道德》、《幣制條議》、《外債評議》等。
一九一一年（宣統三年）三十九歲
二月，偕湯覺頓與梁令嫻遊台灣，深感日本殖民政策之苛酷。
五月，憲友會成立。四川保路同志會成立。
八月十九日（西曆十月十日）武昌起義爆發。
九月由日回國抵大連，同月復返日。清政府批准袁世凱組閣，梁任法律次長，梁致電袁稱病懇辭不就，並建議召開國民會議以定時局。袁與清政府相繼來電請其回國任事。
十一月初十日（西曆十二月二十九日）十七省代表在南京選舉孫中山為中華民國臨時大總統。

附錄一

著《新中國建設問題》、《中國前途之希望與國民責任》、《敬告國人之誤解憲政者》等。
一九一二年（民國元年）四十歲
一月一日（陰曆辛亥十一月十三日）中華民國在南京成立，孫中山宣誓就職臨時政府大總統。
同月，湯化龍等在滬成立共和建國討論會，梁應邀加入該會。
二月，孫中山辭職，袁世凱繼任臨時大總統。三月，袁在北京就職。
九月由日返國，十月到達北京。十二月，所辦《庸言》（半月刊）出版。
著《中國立國大方針商榷書》、《財政問題商榷書》、《治標財政政策》、《政策與政治機關》、《新中國建設問題》、《憲法之三大精神》、《中國前途之希望與國民責任》、《為川漢鐵路事敬告全蜀父老》等。
一九一三年（民國二年）四十一歲
二月加入共和黨。五月，共和黨、民主黨、統一黨合併為進步黨，推為理事。
九月，國務院總理熊希齡組閣，梁任司法總長，發表《告鄉中父老書》，表示要完善法制，並公正執法。十月，代熊希齡草擬《政府大政方針宣言書》，由國會透過作為內閣文件發表。
是年，著《上總統書（財政問題）》、《擬大總統令（司法問題）》以及其他政論文若干。
一九一四年（民國三年）四十二歲
一月，袁世凱解散國會。二月，熊希齡辭職。同月，梁辭司法總長職。三月，就任幣制局總裁。六月，參政院成立，被任命參政員。十二月，堅辭去幣制局總裁職。著《歐洲戰役史論》、《呈請改良司法文》、《幣制條例理由書》、《余之幣制金融政策》、《銀行制度之建設》、《中華大字典序》等。

四女思懿生。

一九一五年（民國四年）四十三歲

一月，中華書局發刊《大中華》，聘任為主任撰述。

二月，拒任袁世凱政治顧問。三月袁派其赴沿江考察司法教育，也未就。七月，由參政院推舉為憲法起草委員。八月，發表《異哉國體問題者》，反對袁復辟帝制，並拒絕了袁的種種威脅利誘。同月，楊度等人成立籌安會，鼓吹帝制。十二月，袁世凱稱帝，改國號為「中華帝國」。梁由津至滬。同月，雲南獨立，蔡鍔、唐繼堯、李烈鈞通電討袁。梁參與了策劃指導，並預先準備好了發至各方的電文。

著《吾今後所以報國者》、《憲法起草問題答客問》、《復古思潮評議》等多篇文章。

一九一六年（民國五年）四十四歲

與蔡鍔及桂系軍隊陸榮廷等書函返往密切，並於三月啟程經香港、越南赴廣西，四月初抵南寧，艱險備至。五月，護國軍政府軍務院成立，選為軍務院政務委員長兼撫軍，並應蔡鍔之請任滇、黔、桂三省總代表。月底因父病逝而辭去各職。

六月，袁世凱眾叛親離，在全國唾罵聲中病死。黎元洪就職大總統，段祺瑞出任政府總理。黎請梁出任祕書長，力辭不就。同年十月返滬。

附錄一

出版《盾鼻集》，系護國運動中所撰公文函電。著《護國戰爭躬歷談》、《蔡松坡遺事》、《袁世凱之解剖》、《國民淺訓》、《辟復辟論》、《擴充富滇銀行以救國利商議》等。其父蓮澗先生卒。是年，黃興、蔡鍔、湯覺頓卒。十二月，發起創辦松坡圖書館紀念蔡鍔。是年，五女思寧、六子思均生。

一九一七年（民國六年）四十五歲

一月應黎元洪之邀，至京商討憲法與外交等國事。居十餘日返滬。二月對時局提出建議：整理財政，收束軍隊，澄清吏治，維持教育，振興實業。三月，致函段祺瑞，主張對德絕交宣戰。五月，黎元洪免去段祺瑞總理職務。

六月，在段祺瑞支持下，張勳、康有為入京。七月一日，張勳擁溥儀復辟，恢復清末舊制。梁啟超當日致電馮國璋和各省督軍長，反對復辟。

七月，段祺瑞再次組閣，梁任財政總長。

八月，北洋政府宣布對德、奧宣戰。

九月，護法國會議員在廣東召開非常國會，推舉孫中山為軍政府大元帥，南北政府對峙。梁致電兩廣督軍，欲調解兩者對立，並勸廣東取消獨立。

十一月，辭去財政總長職務。

是年，俄國爆發十月革命。

著《外交方針質言》、《反對復辟電》等。

一九一八年（民國七年）四十六歲

春夏間致力寫通史，對國事甚為悲觀。

一月，張君劢來函洽談發起松社，以讀書、養性、敦品、勵行為七、八月間，致函陳叔通洽商開松社一事，並擬辦雜誌，稱專言學問，不問政治。八、九月間，患脅膜炎吐血，停止著述。

十二月，偕蔣百里、丁文江、張君劢等遊歷歐洲。目的為增長見識，兼以向世界輿論申訴中華民族的冤苦，以盡國民責任。

是年通史成文十餘萬字。

一九一九年（民國八年）四十七歲

一月至五月，遊歷新加坡、錫蘭、紅海蘇伊士運河、倫敦、巴黎、凡爾登等地，參觀了第一次世界大戰舊戰場，並會見多位名流。二月，抵巴黎察看和會情況，並作新聞報導。對巴黎和會由英、美、法主宰世界印象至深，對其會後交易尤為反感，評為「祕密造孽」。旋後去德國比利時繼續考察。

四月，國民外交學會來信，聘為該會代表，並請主持向和會請願事宜。梁致電國民外交學會，陳述巴黎和會對中國極不公正，要求警告政府，責成中國出席和會代表萬勿在和約上簽字。

五月四日，五四運動爆發。

六月離巴黎赴英，參觀劍橋大學、牛津大學與莎士比亞故居，並在中英協會、英國文學會、英國自由黨幹部歡迎會上分別發表《中國國民特性》、《中國之文藝復興》、《世界大戰與

附錄一

中國》之演說。七月返巴黎，參加法國國慶，其後繼續遊歷比利時、荷蘭、瑞士、義大利、德國等地。

著《歐遊心影錄》數篇與《外交失敗之原因及今後國民之覺悟》等文。

是年七子思廣生。

一九二〇年（民國九年）四十八歲

一月，在歐洲商定歸國後辦事方針：一為辦中比貿易公司；二為辦中比輪船公司；三為辦月報及印刷所；四為辦大學；五為派學生留學德國。

二月底啟程歸國，三月五日抵上海。

三月在吳淞公學發表演說，報告游歐心得與對國事見解。認為中國數十年傚法西方，終歸失敗。代議製為世界潮流，在中國尚無可能。同月致函徐世昌，要求釋放五四被捕愛國學生。

四月，與張元濟、蔣百里、張東蓀、王敬藝等人頻頻洽談譯輯新書，籌辦共學社，並為中比公司集股增股等事宜。

冬，與胡適信函論學，講述所著《清代學術概論》情況，並欲對胡適著《中國哲學大綱》提出評論意見。另外，在清華學校講《國學小史》。

著書《清代學術概論》、《墨經校譯》兩書。另有《老子哲學》、《孔子》、《老孔墨以後學派概觀》、《印度史蹟與佛教之關係》、《佛教與西域》、《國民動議制憲之理由》、《軍閥私鬥與國民自衛》、《政治運動之意義與價值》等論文。

一九二一年（民國十年）四十九歲

秋，在南開大學主講中國文化史。十月十日至十二月二十一日，應京津學校之邀，先後七次作講學。

冬，與舒新城、蔣百里、張東蓀等人洽商中國公學、自立中學問題。

著《墨子學案》、《中國歷史研究法》兩書。另有《自由講座制之教育》、《從發音上研究中國文字之源》、《陰陽五行說之來歷》等。

一九二二年（民國十一年）五十歲

從四月一日起，開始在京、滬、寧、濟南、武昌、長沙、南通等城市進行二十多次學術演講活動。內容極其豐富，泛涉教育、美術、文化、宗教等多個領域，尤以先秦政治思想史和屈原、杜甫研究、女子教育、美術與科學等題目引人注目。

著《評胡適之〈中國哲學史大綱〉》、《五十年中國進化概論》、《護國之役回顧談》等。

一九二三年（民國十二年）五十一歲

一月，創辦文化書院，自任院長。二月，成為萬國著作傢俱樂部名譽會員。

夏秋開始，在南開大學、清華學校、中國大學講學。

十月十日，發起《戴東原生日二百週年紀念會》，胡適於十一月來函表示願意參加。十一月四日，松坡圖書館於北海正式成立。

確診心臟病。

著《陶淵明》、《陶淵明年譜》、《朱舜水年譜》、《國學入門書目》、《清代通史序》、《陽明先生傳及陽明先生弟子錄序》、《晨報增刊經濟界序》、《稷山論書序》、《顏李學派與

附錄一

現代教育思潮》等。
一九二四年（民國十三年）五十二歲
一月，戴東原生日二百年紀念會在京召開。
四月，泰戈爾訪華，梁策劃該事甚力。在京歡迎會上，發表中印文化之交流演說。
八月，與北京師範大學商討國史教本問題。
著《清代學者整理舊學之總成績》、《明清之交中國思想界及其代表人物》、《說方志》、《印度與中國文化之親屬的關係》、《戴東原先生傳》、《戴東原哲學》、《紀念我的亡友夏穗卿先生》等。
夫人李蕙仙病逝。夏穗卿先生病逝。
八子思禮生。
一九二五年（民國十四年）五十三歲
三月，孫中山先生在京病逝。梁親往弔唁，並詢問孫臨終情況，感佩之至。
五月，拒絕出任段祺瑞請他任憲法起草會祕書長一職。
六月，與朱啟鈐、顧維鈞等人就五卅慘案發表共同宣言，極表憤慨。
十二月上旬就任京師圖書館館長。同月，致函李仲揆等，商討制定中國圖書分類法等事。
著《要籍解題及其讀法》、《中國圖書館協會成立演說辭》、《國產之保護及獎勵》等。
一九二六年（民國十五年）五十四歲
二月至三月，患便血病割去右腎。

四月就任北京圖書館館長。九月就任司法部司法儲才館館長。
十二月接受美國耶魯大學名譽博士學位。
著《中國歷史研究法補編》、《圖書館學季刊發刊詞》、《先秦學術年表》、《民國初年之幣制改革》、《中國考古學之過去及將來》等。
一九二七年（民國十六年）五十五歲
一月，司法儲才館開館。梁在致子女信中，談及準備主編《中國圖書大辭典》和《中國圖書索引》二書。
三月八日，康有為七十壽，梁赴滬祝賀，撰壽文與壽聯。四月，康有為逝世。梁與康門弟子在京舉行公祭，撰祭文和輓聯。
七月至八月，與有關方面洽談編纂《中國圖書大辭典》一事。
著《中國文化史》、《儒家哲學》、《書法指導》、《古書真偽及其年代》、《圖書大辭典簿錄之部》、《為南海先生七十壽言》。
是年，王國維、范靜生先生卒。
一九二八年（民國十七年）五十六歲
一月，入協和醫院體檢並輸血。
六月，致函胡適商洽續編《中國圖書大辭典》一事，務祈使之「不至半途而廢」。
六月至八月，辭去清華研究院職務，並陳請辭去北京圖書館各事。
九月開始編寫《辛稼軒年譜》。病重入協和住院就醫。十月出院返津。

附錄一

十一月再次入協和就醫，病轉劇。

一九二九年（民國十八年）五十七歲

一月十五日，病危。囑家人請醫生作屍體解剖，務求病源以供醫學界參考。同月十九日下午二時十五分溘然長逝。

二月十七日梁啟超追悼會在北京廣惠寺和上海靜安寺分別舉行。北京方面丁文江、熊希齡、胡適、錢玄同、朱希祖、任鴻雋等五百餘人蔘加，上海張元濟、陳叔通、蔡元培、高夢旦、孫慕韓等多人蔘加。馮玉祥、章太炎等送輓聯。知識界痛失泰斗。

遺藏書數十萬卷，著述達一千四百萬字。

附錄二　梁啟超主要論著分類編目

一　史學

通史、政治史

《戊戌政變記》（光緒二十四年一八九八年）

《中國史上人口之統計》（同上）

《格致學沿革考略》（光緒二十八年一九〇二年）

《中國專制政治進化史論》（同上）

《中國歷史上革命之研究》（光緒三十年一九〇四年）

《中國法理學發達史論》（同上）

《論中國成文法編制之沿革得失》（同上）

《太古及三代載記》（民國十一年一九二二年）

附錄二

《春秋載記》（同上）
《戰國載記》（同上）

學術史、思想文化史

《讀〈孟子〉界說》（光緒二十四年一八九八年）
《讀〈春秋〉界說》（同上）
《論中國學術思想變遷之大勢》（光緒二十八年一九〇二年）
《論希臘古代學術》（同上）
《子墨子學說》（光緒三十年一九〇四年）
《老孔墨以後學派概論》（民國九年一九二〇年）
《清代學術概論》（同上）
《先秦政治思想史》（民國十一年一九二二年）
《中國通史稿．志三代宗教禮學》（同上）
《顏李學派與現代教育思潮》（民國十二年一九二三年）
《明清之交中國思想家及代表人物》（同上）

《中國之美文及其歷史》（民國十三年一九二四年）
《中國近三百年學術史》（同上）
《先秦學術年表》（民國十五年一九二六年）
《中國文化史》（民國十六年一九二七年）

人物史

《李鴻章》（光緒二十七年一九〇一年）
《南海康先生傳》（同上）
《張博望班定遠合傳》（光緒二十八年一九〇二年）
《趙武靈王傳》（同上）
《義大利建國三傑傳》（同上）
《匈加利愛國者噶蘇士傳》（同上）
《羅蘭夫人傳》（同上）
《新英國巨人克林威爾傳》（光緒二十九年一九〇三年）
《袁崇煥傳》（光緒三十年一九〇四年）

附錄二

《中國殖民八大偉人傳》（同上）
《鄭和傳》（光緒三十一年一九〇五年）
《王荊公》（光緒三十四年一九〇八年）
《管子傳》（宣統元年一九〇九年）
《孔子》（民國九年一九二〇年）
《戴東原先生傳》（民國十二年一九二三年）
《陶淵明》（同上）
《朱舜水先生年譜》（同上）
《辛稼軒先生年譜》（民國十七年一九二八年）

世界史

《波蘭滅亡記》（光緒二十二年一八九六年）
《東籍月旦．歷史》（光緒二十三年一八九七年）
《斯巴達小志》（光緒二十八年一九〇二年）
《雅典小志》（同上）

《朝鮮亡國史略》（光緒三十年一九〇四年）
《越南小志》（光緒三十一年一九〇五年）
《日本併吞朝鮮記》（宣統二年一九一〇年）
《歐洲戰役史論》（民國三年一九一四年）

中國史

《中國史敘論》（光緒二十七年一九〇一年）
《史學之界說》（同上）
《新史學》（光緒二十八年一九〇二年）
《地理與文明之關係》（同上）
《歷史統計學》（民國十一年一九二二年）
《中國歷史研究法》（同上）
《研究文化史的幾個重要問題》（同上）
《治國學的兩條道路》（民國十二年一九二三年）
《清代通史序》（同上）

附錄二

《說方志》（民國十三年一九二四年）
《義烏吳氏家譜序》（同上）
《中國考古學之過去及其將來》（民國十五年一九二六年）
《中國歷史研究法（補編）》（民國十五、十六年一九二六——一九二七年）

二 哲學

哲學原理

《說動》（光緒二十四年一八九八年）
《自由書》（光緒二十五年一八九九年）
《余之生死觀》（光緒三十年一九〇四年）
《老子哲學》（民國九年一九二〇年）
《「知不可為而為」主義與「為而不有」主義》（民國十一年一九二二年）
《評非宗教同盟》（同上）
《戴東原哲學》（民國十二年一九二三年）

《人生觀與科學》（同上）

《非唯》（民國十三年一九二四年）

《說無我》（民國十四年一九二五年）

《王陽明知行合一之教》（民國十五年一九二六年）

《儒家哲學》（民國十六年一九二七年）

倫理學

《東籍月旦．倫理學》（光緒二十五年一八九九年）

《十種德性相反相成義》（光緒二十六年一九〇〇年）

《論中國國民之品格》（光緒二十九年一九〇三年）

《德育鑒》（光緒三十一年一九〇五年）

《中國道德之大原》（民國元年一九一二年）

《國性篇》（同上）

《教育應用的道德公準》（民國十一年一九二二年）

《為學與做人》（同上）

附錄二

宗教學

《論支那宗教改革》（光緒二十五年一八九九年）
《論宗教家與哲學家之長短得失》（光緒二十八年一九〇二年）
《論佛教與群治關係》（同上）
《印度佛教概觀》（民國九年一九二〇年）
《佛陀時代及原始佛教教理綱要》（同上）
《中國佛法興衰沿革記略》（同上）
《印度佛教概論》（同上）
《佛教教理在中國之發展》（同上）
《佛典之翻譯》（同上）
《佛教與西域》（同上）
《佛教之初輸入》（同上）
《佛教心理學淺測》（民國十一年一九二二年）

三　政治學

《變法通議》（光緒二十二年一八九六年）
《論中國宜講求法律之學》（同上）
《古議院考》（同上）
《論中國積弱由於防弊》（同上）
《說群序》（同上）
《論君政民政相嬗之理》（光緒二十三年一八九七年）
《論中國之將強》（同上）
《保國會演說辭》（光緒二十四年一八九八年）
《論湖南應辦之事》（同上）
《論中國人種之將來》（光緒二十五年一八九九年）
《國民十大元氣論》（同上）
《愛國論》（同上）
《瓜分危言》（同上）

附錄二

《論近世國民競爭大勢及中國前途》（同上）
《論中國歐洲國體異同》（同上）
《各國憲法異同論》（同上）
《自由書》（同上）
《中國積弱溯源論》（光緒二十六年一九〇〇年）
《立憲法議》（同上）
《新民說》（光緒二十七年一九〇一年）
《國家思想變遷異同論》（同上）
《過渡時代論》（同上）
《滅國新法論》（同上）
《新民議》（光緒二十八年一九〇二年）
《釋革》（同上）
《論立法權》（同上）
《論政府與人民之權限》（同上）
《論民族競爭之大勢》（同上）

《政治學學理摭言》（同上）
《答飛生》（同上）
《敬告我國國民》（光緒二十九年一九〇三年）
《二十世紀之巨靈托拉斯》（同上）
《世界將來大勢論》（光緒三十年一九〇四年）
《開明專制論》（光緒三十一年一九〇五年）
《駁某報之土地國有論》（同上）
《申論種族革命與政治革命之得失》（同上）
《答某報第四號對於新民叢報之駁論》（同上）
《暴動與外國干涉》（同上）
《俄羅斯革命之影響》（同上）
《社會主義論序》（光緒三十三年一九〇七年）
《世界大勢及中國前途》（同上）
《政聞社宣言書》（同上）
《憲政淺說》（宣統二年一九一〇年）

附錄二

《立憲政體與政治道德》（同上）
《責任內閣與政治家》（同上）
《官制與官規》（宣統二年一九一〇年）
《中國國會制度和議》（同上）
《谘議局權限職務十論》（同上）
《國會期限問題》（同上）
《為川漢鐵路事敬告全蜀父老》（宣統三年一九一一年）
《政黨與政治上之信條》（同上）
《敬告國人之說解憲政者》（同上）
《新中國建設問題》（同上）
《政策與政治機關》（民國元年一九一二年）
《中國立國大方針》（同上）
《憲法三大精神》（同上）
《進步黨擬中華民國憲法草案》（民國二年一九一三年）
《政府大政方針宣言書》（同上）

《革命相續之原理及其惡果》（同上）
《國際立法條約集序》（同上）
《敬告政黨及政黨員》（同上）
《孔子教義實際裨益於今日國民者何在欲昌明之其道何由》（民國四年一九一五年）
《擬大總統令（整頓司法）》（同上）
《呈總統文（司法問題）》（同上）
《異哉國體問題者》（同上）
《上總統書（國體問題）》（民國五年一九一六年）
《國民淺訓》（同上）
《袁世凱之解剖》（同上）
《反對復辟電》（民國六年一九一七年）
《代段祺瑞討張勳復辟通電》（同上）
《歷史上中華國民事業之成敗及今後革進之機遇》（民國九年一九二〇年）
《復張東蓀書論社會主義運動》（民國十年一九二一年）

附錄二

《政治運動之意義與價值》（民國十年一九二一年）
《有槍階級對無槍階級》（同上）
《外交與內政》（同上）
《無產階級與無業階級》（民國十四年一九二五年）

四　外交學、外交史

《亡羊錄》（光緒二十五年一八九九年）
《論支那獨立之實力與日本東方政策》（同上）
《論今日各國待中國之善法》（光緒二十六年一九〇〇年）
《外交官私議》（宣統二年一九一〇年）
《中國外交方針私議》（同上）
《中俄交涉與時局之危機》（宣統三年一九一一年）
《中日交涉匯評》（民國四年一九一五年）
《外交失敗之原因及今後國民之覺悟》（民國八年一九一九年）

《為改約問題敬告友邦》（民國十四年一九二五年）
《對歐美友邦之宣言》（同上）
《致段執政書（滬案）》（同上）
《我們該怎樣應付上海慘殺事件》（同上）
《滬案交涉方略敬告政府》（同上）

五　經濟學、經濟史

《說橙》（光緒二十二年一八九六年）
《史記貨殖列傳今義》（光緒二十三年一八九七年）
《中國工商業考提要》（同上）
《商會議》（光緒二十五年一八九九年）
《生計學學說沿革小史》（光緒二十八年一九〇二年）
《論中國國民生計之危機》（宣統二年一九一〇年）
《改鹽法議》（同上）

附錄二

《實業與虛業》（民國四年一九一五年）
《晨報增刊經濟界序》（民國十二年一九二三年）
《國產之保護獎勵》（民國十六年一九二七年）

六　財政學

《論加稅》（光緒二十二年一八九六年）
《中國國債史》（光緒三十年一九〇四年）
《中國改革財政私案》（光緒二十八年一九〇二年）
《外資輸入問題》（光緒三十年一九〇四年）
《中國貨幣問題》（同上）
《關稅權問題》（光緒三十一年一九〇五年）
《中國古代幣材考》（光緒三十四年一九〇八年）
《論各國干涉中國財政之動機》（宣統元年一九〇九年）
《發行公債整理官鈔推行國幣說帖》（宣統二年一九一〇年）

《論國民宜亟求財政常識》（同上）
《公債政策之先決問題》（同上）
《地方財政先決問題》（同上）
《論地方稅與國稅之關係》（同上）
《國民籌還國債問題》（同上）
《幣制條例》（同上）
《節省政費問題》（同上）
《外債評議》（同上）
《論政府違法借債之罪》（宣統三年一九一一年）
《治標財政策》（民國元年一九一二年）
《上總統書（財政問題）》（民國二年一九一三年）
《幣制條例理由書》（民國三年一九一四年）
《銀行制度之建設》（同上）
《整理濫發紙幣與利用公債》（同上）
《余之幣制金融政策》（民國四年一九一五年）

《論中國財政學不發達之原因及古代財政學說之一斑》（同上）
《市民與銀行》（民國十年一九二一年）
《續論市民與銀行》（同上）
《民國初年之幣制政策》（民國十五年一九二六年）

七　教育學

《上南皮張尚書書》（光緒二十二年一八九六年）
《倡設女學堂啟》（光緒二十三年一八九七年）
《湖南時務學堂學約》（同上）
《萬木草堂小學學記》（同上）
《公車上書請變通科舉折》（光緒二十四年一八九八年）
《日本橫濱中國大同學校緣起》（光緒二十五年一八九九年）
《教育政策私議》（光緒二十八年一九〇二年）
《論教育當定宗旨》（同上）

《中國印度之交通》（民國九年一九二〇年）
《吳淞中國公學改辦大學募捐啟》（同上）
《自由講座制之教育》（民國十年一九二一年）
《平民教育孟祿特號序》（同上）
《時務學堂札記殘卷序》（民國十一年一九二二年）
《我對於女子高等教育希望特別注重的幾種學科》（同上）
《教育家的自家田地》（同上）
《中學國史教本改造案並目錄》（同上）
《趣味教育與教育趣味》（同上）
《教育與政治》（同上）
《為江蘇省議員摧殘教育事警告江蘇人民》（民國十二年一九二三年）
《學生的政治活動》（民國十五年一九二六年）
《呈請確立教育經費事》（民國十六年一九二七年）

附錄二

八　新聞學

《論報館有益於國事》（光緒二十二年一八九六年）
《農學會報序》（同上）
《知新報敘例》（同上）
《萃報敘》（光緒二十三年一八九七年）
《清議報序例》（光緒二十四年一八九八年）
《清議報一百冊祝辭並論報館之責任及本館之經歷》（光緒二十七年一九〇一年）
《國風報敘例》（宣統二年一九一〇年）
《時事新報五千號紀念辭》（民國十年一九二一年）
《湘報序》（民國十二年一九二三年）

九　學術評論與紹介

《春秋中國夷狄辨序》（光緒二十三年一八九七年）
《經世文新編》（同上）

《新學偽經考序》（同上）
《西政叢書序》（同上）
《復友人論保教書》（同上）
《仁學序》（光緒二十四年一八九八年）
《霍布斯學案》（光緒二十八年一九〇二年）
《斯片挪莎學案》（同上）
《盧梭學案》（同上）
《亞里斯多德政治學說》（同上）
《近代文明始祖二大家之學說》（同上）
《進化論革命者頡德之學說》（同上）
《天演學初祖達爾文之學說及其學傳》（同上）
《法理學大家孟德斯鳩之學說》（同上）
《樂利主義泰邊沁之學說》（光緒二十八年一九〇二年）
《保教非所以尊孔》（同上）

附錄二

《近世第一大哲康德之學說》（光緒二十九年一九〇三年）
《政治學大家伯倫知理之學說》（同上）
《中國武士道》（光緒三十年一九〇四年）
《歷史上中國民族之觀察》（同上）
《復古思潮評議》（民國四年一九一五年）
《大中華發刊詞》（同上）
《歐洲文藝復興史序》（民國九年一九二〇年）
《陰陽五行之來歷》（民國十年一九二一年）
《辯論術之實習與原理序》（同上）
《五十年中國進化概論》（民國十一年一九二二年）
《中國歷史上民族之研究》（同上）
《科學精神與東西文化》（同上）
《什麼是文化》（同上）
《評胡適之〈中國哲學史大綱〉》（同上）
《東南大學課畢告別辭》（同上）

《戴東原生日二百年紀念會緣起》（民國十二年一九二三年）

《印度與中國文化之親屬的關係》（民國十三年一九二四年）

十 校勘考據學與諸子研究

《堯舜為中國中央君權濫觴考》（光緒二十七年一九〇一年）

《題洪範疏證》（跋）（民國七年一九一八年）

《西藏考一卷》（跋）（同上）

《讀史舉正八卷》（跋）（同上）

《墨經校譯》（民國九年一九二〇年）

《佛教典籍譜錄考》（同上）

《讀異部宗輪論述記》（同上）

《說四阿含》（民國九年一九二〇年）

《說「六足」「發智」》（同上）

《那先比丘經書》（民國十一年一九二二年）

附錄二

《大乘起信論考證序》（同上）
《最初可紀之年代》（同上）
《史記匈奴傳戎狄名義考》（同上）
《春秋夷蠻戎狄考》（同上）
《三苗九黎蚩尤考》（同上）
《洪水考》（同上）
《古代民百姓釋義》（同上）
《禹貢九州考》（同上）
《見於〈高僧傳〉中之支那著述》（民國十一年一九二三年）
《莊子天下篇釋義》（民國十五年一九二六年）
《荀子評諸子語彙解》（同上）
《韓非子顯學篇釋義》（同上）
《屍子廣澤篇、呂氏春秋不二篇合釋》（同上）
《史記中所述諸子及諸子書最錄考釋》（同上）
《漢書藝文志諸子略考釋》（同上）

《漢志諸子略各書存佚真偽表》（同上）
《考諸子略以外之現存子書》（同上）
《古書真偽及其年代》（民國十六年一九二七年）

十一　圖書目錄學

《讀書分月課程》（光緒十八年一八九二年）
《西學書目表序例》（光緒二十二年一八九六年）
《大同譯書局敘例》（同上）
《佛家經錄在中國錄學之位置》（民國九年一九二〇年）
《蔡松坡圖書館記》（民國十二年一九二三年）
《國學入門書要目及其讀法》（民國十二年一九二三年）
《戴東原圖書館緣起》（同上）
《中國圖書館協會成立演說辭》（民國十四年一九二五年）
《要籍解題及其讀法》（同上）

附錄二

《圖書館季刊發刊詞》（民國十五年一九二六年）

《圖書大辭典簿錄之部》（民國十六年一九二七年）

十二 語言文字學

《沈氏音書訓》（光緒二十二年一八九六年）

《地名韻語序》（同上）

《國文語原解》（光緒三十三年一九〇七年）

《中華大字典序》（民國三年一九一四年）

《京報增刊國文祝辭》（民國四年一九一五年）

《從發音上研究中國文字之源》（民國十年一九二一年）

《中國通史稿．志語言文字》（民國十一年一九二二年）

《陳蘭甫聲律通考》（跋）（民國十二年一九二三年）

《陳蘭甫切韻考》（跋）（同上）

附：《書法指導》（民國十六年一九二七年）

十三　地理學

《亞洲地理大勢論》（光緒二十八年一九〇二年）
《中國地理大勢論》（同上）
《歐洲地理大勢論》（同上）
《世界史上廣東之位置》（光緒三十一年一九〇五年）
《西疆建制沿革考序》（民國四年一九一五年）
《中國地理沿革圖序》（民國十一年一九二二年）
《五千年史勢鳥瞰．地理》（同上）
《近代學風之地理的分佈》（民國十三年一九二四年）

十四　文學評論

《蒙學報演義報合敘》（光緒二十三年一八九七年）
《譯印政治小說序》（光緒二十四年一八九八年）
《論小說與群治之關係》（光緒二十八年一九〇二年）

附錄二

《告小說家》（民國四年一九一五年）
《翻譯文學與佛典》（民國九年一九二〇年）
《中國韻文裡所表現的情感》（民國十一年一九二二年）
《詩聖杜甫》（同上）
《屈原研究》（同上）
附：《新大陸游記》（游記）（光緒二十九年一九〇三年）
《歐遊心影錄》（游記）（民國七年一九一八年）
《新中國未來記》（小說）（光緒二十八年一九〇二年）

十五　詩詞（略）

十六　金石學（略）

十七　其他

《與碎佛書》（光緒二十二年一八九六年）
《南學會敘》（同上）
《醫學善會敘》（同上）
《祭六君子文》（光緒二十五年一八九九年）
《論學日本文之益》（同上）
《少年中國說》（光緒二十六年一九〇〇年）
《呵旁觀者文》（同上）
《三十自述》（光緒二十八年一九〇二年）
《敬告留學生諸君》（同上）
《說希望》（光緒二十九年一九〇三年）
《初歸國演說辭》（民國元年一九一二年）
《吾今後所以報國者》（民國四年一九一五年）
《祭蔡松坡文》（民國五年一九一六年）

附錄二

《公祭蔡松坡文》（同上）
《邵陽蔡公略傳》（同上）
《番禺湯公略傳》（同上）
《盾鼻集．國體戰爭躬歷談．哀啟．五年之教訓》（同上）
《美術與科學》（民國十一年一九二二年）
《亡友夏穗卿先生》（民國十三年一九二四年）
《悼啟》（同上）
《南海先生七十壽言》（民國十六年一九二七年）
《公祭南海先生文》（同上）

附錄三　梁啟超的筆名和署名

梁啟超一生中使用過大量筆名和署名，初步統計共有四十八個。

早年，在《時務報》、《知新報》上刊登的文章，以及後來在民國時期發表的文章，一般都是用原名梁啟超。

《清議報》時期，曾用梁任公、任公、哀時客、中國少年、少年中國之少年、愛國者、曼殊室主人，這些筆名多見於《清議報》。後來，有些也在《新民叢報》、《新小說》上使用過，其中「曼殊室主人」一名，原為其弟梁啟勛的筆名，梁啟超在發表文章時也曾經使用過。

《新民叢報》時期，有新民子、中國新民、飲冰、飲冰子、飲冰室主人、如晦庵主人、力人、彗庵、遠公、曼殊室主人曲度、記者、新民叢報記者、社員、社員某、新民叢報社社員。其中，「記者」、「社員」等筆名，原是新民叢報社內部同人共用之筆名，梁啟超在發表文章時也曾經用過。

憲民、滄江、雙濤、梁任、任廣、彗廣、軼賜、兼士、人、檀山旅客、逸史氏、舊

附錄三

史氏、新史氏、外史氏、國史氏，這些筆名多用於其他報刊上所發表文章。其中，「外史氏」一名黃遵憲在發表文章時也曾使用過。

卓如、任、任父、任庵、任甫、新會、宏猷、孟遠、吉田晉、兩渾、潛夫，這些名字，多用於來往信件中的署名。

後記

第一次知道梁啟超和他的《飲冰室合集》，是在六歲的時候。父母拿了一本給我讀，我讀得半通不通，似懂非懂，遠不如孟浩然的「開軒面場圃，把酒話桑麻」，能給人以自然親切的想像和享受，只是對那赭紅色的封皮、粗糙的紙質留下了很深的印象。想來可能是商務印書館的平裝普及本吧。我把它撕得片片飛舞，然後和弟弟一起疊紙飛機，用之「欲與天公試比高」。我在戴逸教授悉心指導下，專攻清代思想史、文化史，開始認認真真地反覆閱讀全套《飲冰室合集》，以及《新民叢報》、《清議報》、《時務報》和其他大量近代報刊。在多少明白了一點梁啟超其人和他的論著的內涵價值之後，我深感孩提時的無知，深悔我毀掉了家中的無價珍寶。

然而，使我更加愧疚的是，從畢業至今，我發現包括不少文化學者在內的許多人，對梁啟超居然一無所知，對他的許多至為精彩的學術成果及其觀點，幾乎聞所未聞。作為一個專攻思想史、文化史的學人，我不能不感到一種巨大的困惑和失職之感。在我的人生伴侶與知己沈大德先生的激勵下，我立意要寫一本《梁啟超評傳》。本來的心很

後記

大，想寫三十萬至四十萬字。但命運多舛，大德先生活活累死於病榻，我自己也沉疴纏身，僅住醫院就達三次之多、八個月之久。寫作也就一拖再拖，連我自己都差一點打退堂鼓。

幸虧錢宏先生的堅持和幫助，我終於從消沉中重新站了起來，動手寫完了本書。由於種種主客觀原因，同以前預想的計劃大打了折扣，只有留待以後有機會再行彌補。只有一點聊可慰藉的是，這本書我是用我的心在寫的。在這本書裡，凝聚著我對偉大的近代啟蒙學者梁啟超及其一代人的崇敬，凝聚著我對勇敢無畏的當代思想家黎澍先生的仰慕，凝聚著我對我的恩師戴逸教授的感佩，還凝聚著我對大德的日夜思念。而且，由於大德生前曾多次跟我探討有關梁啟超的諸多問題，所以本書也應算作他心血的結晶。

作者謹識

電子書購買

國家圖書館出版品預行編目資料

梁啟超評傳：家學與師承、轉型與抉擇、成就與局限，剖析國學巨擘的一生及學術論著 / 吳廷嘉，沈大德著 . -- 第一版 . -- 臺北市：崧燁文化事業有限公司 , 2023.02
面；　公分
POD 版
ISBN 978-626-357-043-6(平裝)
1.CST: 梁啟超 2.CST: 學術思想 3.CST: 傳記
128.2　　111021227

梁啟超評傳：家學與師承、轉型與抉擇、成就與局限，剖析國學巨擘的一生及學術論著

臉書

作　　者：吳廷嘉，沈大德
發 行 人：黃振庭
出 版 者：崧燁文化事業有限公司
發 行 者：崧燁文化事業有限公司
E-mail：sonbookservice@gmail.com
粉 絲 頁：https://www.facebook.com/sonbookss/
網　　址：https://sonbook.net/
地　　址：台北市中正區重慶南路一段六十一號八樓 815 室
Rm. 815, 8F., No.61, Sec. 1, Chongqing S. Rd., Zhongzheng Dist., Taipei City 100, Taiwan
電　　話：(02) 2370-3310　　**傳　　真**：(02) 2388-1990
印　　刷：京峯彩色印刷有限公司（京峰數位）
律師顧問：廣華律師事務所 張珮琦律師

定　　價：375 元
發行日期：2023 年 02 月第一版
◎本書以 POD 印製